Ramona B. Wagner

Die WunderWortTechnik

AF238645

DIE
WUNDERWORT
TECHNIK

RAMONA B. WAGNER

|||||||||||||||||||| SILBERSCHNUR VERLAG

Copyright © 2017 Verlag »Die Silberschnur« GmbH

ISBN: 978-3-89845-543-5

1. Auflage 2017

Gestaltung & Satz: XPresentation, Güllesheim
Umschlaggestaltung: XPresentation, Güllesheim; unter Verwendung verschiedener Motive von © guukaa, www.fotolia.com und © KannaA, www.shutterstock.de
Druck: Finidr, s.r.o. Cesky Tesin

Verlag »Die Silberschnur« GmbH
Steinstraße 1 · D-56593 Güllesheim
www.silberschnur.de · E-Mail: info@silberschnur.de

Inhaltsverzeichnis

1. Einleitung   9

2. Die Ursprünge von WWT   13

3. Keine Heilversprechen   18

4. Die Theorie hinter WWT   20

   › Die Macht des Unbewussten   20

   › Die Wirkungsweise des Unbewussten   24

5. Was kann ich mit WWT behandeln?   26

6. Die Auswahl des WunderWortes   29

7. Die Anweisung an Ihr Unbewusstes   31

   › Vorbemerkung   31

   › Teilearbeit (nach Stephen Daniel)   32

   › Aspekte der Russischen Methoden   36

   › WWT – Anleitung für das Unbewusste   37

   › Kontrolle   57

8. WWT Behandlungsablauf   61

9. Anwendungsbeispiel   67

10. Woher weiß ich, was ich behandeln muss?   69

11. Wie viele Probleme kann ich behandeln?   72

12. Wenn ein Problem wieder zurückkommt   74

13. Vielschichtige Probleme   75

14. Das Unbewusste – unserer innerer Heiler   77

15. Wie erreiche ich meine Ziele mit WWT?   79

   › Aussortieren der inneren Stimmen   79

   › Entwickeln Sie ein detailliertes Zielbild   80

   › WWT im Business- und Sportbereich
    (nach Gary Craig)   84

16. Stellvertreter-WWT   89

17. WWT und Spiritualität   97

18. Fallbeispiele   98

   › Führerscheinprüfung   99

   › Tod des Vaters   102

   › Allergie gegen Milcheiweiß   105

   › Schwindel   110

› Migräne   114

› Klaustrophobie (Platzangst)   120

› Lebenskrise   124

› Burn-out   128

› Depression   133

› Talente nutzen   138

19. Ihre persönliche Entwicklung mit WWT   143

20. Wie Sie die Wirkung von WWT
unterstützen können   146

› WWT-Seminare   148

› WWT-MP3   150

Literaturverzeichnis   152

Über die Autorin   155

Einleitung

Mein Weg zur
WunderWort-Technik (WWT)

Ursprünglich war ich Dipl.-Ing. für Brauwesen und Getränketechnologie und habe acht Jahre in einer mittelständischen Brauerei in der Geschäftsführung gearbeitet. Hier wurde mir klar, dass die Art der Personalführung und -entwicklung – im Gegensatz zu der Technik und Technologie – nicht mehr den Anforderungen und Bedürfnissen eines modernen Betriebes und denen motivierter Mitarbeiter entsprach. Daran wollte ich etwas ändern.

Ich absolvierte deshalb berufsbegleitend eine Ausbildung zur Fachtrainerin für den Managementbereich. Es faszinierte mich, wie sich auch die anderen Ausbildungsteilnehmer überraschend positiv veränderten, und ich merkte, dass es mir nicht genügen würde, dieses Wissen nur für die Brauerei zu nutzen – ich wollte die sich damit eröffnenden

Möglichkeiten viel mehr Menschen zur Verfügung stellen. 1999 gründete ich meine eigene Praxis und arbeite seitdem als Personalcoach.

Mein Wissensdurst war (und ist) weiterhin ungestillt und es folgten viele weitere Ausbildungen. Als ich Emotional Freedom Techniques (EFT) von Gary Craig kennenlernte, hatte ich das Gefühl, dass ich mir hätte einiges an Weiterbildungen sparen können, wenn Veränderung so einfach möglich ist. Be Set Free Fast (BSFF) von Larry Nims war dann noch ein Stück leichter und schneller und vor allem konnte man es jederzeit von anderen unbemerkt einsetzen. Auf einem meiner Seminare lernte ich Claus Fritzsche kennen, der auf meiner Homepage auch über BSFF gelesen hatte. Er fragte mich, ob ich für den Newsletter seiner Homepage www.psychophysik.com diese Methode so beschreiben könnte, dass es jeder sofort nutzen kann, ohne erst ein Seminar besuchen zu müssen.

Zuerst war ich unsicher, ob es für die Methode förderlich ist, sie einfach jedem so "nebenbei" zugänglich zu machen, denn ich hatte Bedenken. Wenn jemand ohne die nötige Achtung und Ernsthaftigkeit diese Methode "mal so" ausprobiert und sich dann nicht alles schlagartig verändert, wird die ganze Methode als Humbug abgetan. Aber Claus blieb hartnäckig und sagte mir, ich solle doch genau das dazuschreiben. Also veröffentlichte ich diesen Artikel und bekam viele positive Rückmeldungen und die Anfrage nach deutschsprachiger Literatur über BSFF. (Anfang 2005 musste der BSFF-Artikel mit der Anleitung an das Unbewusste wieder überall aus dem Internet entfernt werden.)

Durch einen Besuch im Jahr 2004 bei Gary Craig und die Entwicklung eines EFT-Ausbildungskonzeptes stand erst einmal wieder EFT im Vordergrund. Ich hielt aber auch BSFF-Seminare und merkte, dass die Teilnehmer sehr neugierig auf meine – persönlich weiterentwickelte – BSFF-Version waren, die ich aber nur bei meinen Klienten anwandte, da ich ja "Original-BSFF nach Dr. Larry Nims" lehren wollte. Ich wurde gebeten, meine Version der Anleitung an das Unbewusste, die noch umfangreicher war, dafür aber viele Schritte des Behandlungsablaufs überflüssig machte, zu veröffentlichen. Und so entstand die Idee, meine eigene Technik publik zu machen.

Denn ich hatte schon oft als Feedback bekommen, dass sich BSFF zwar erst sehr einfach anhört, dann durch die ganzen Schritte der Behandlung jedoch kompliziert erscheint. Genau das hatte mich ja auch gestört, und deshalb hatte ich meine erweiterte Version entwickelt, nach dem Motto: Lieber einmal dem Unbewussten genauer sagen, was es tun soll, und dafür immer von einer einfacheren Anwendung profitieren.

Ich überlegte, welche Aspekte von anderen Methoden, die ich kannte (Familienstellen, NLP, EmoTrance, EFT, Schamanismus, Hypnose, Sedonamethode, Radikale Vergebung, Chakrenarbeit, Ho'oponopono, spirituelles Heilen, ...), die Anweisung noch bereichern könnten, um möglichst alle Eventualitäten und blinden Flecken auszuschalten.

Und so war die WunderWort-Technik geboren und wird hoffentlich vielen Menschen helfen, sich aus eigener Kraft schnell, einfach und dauerhaft in die Richtung zu verändern, die sie sich selbst wünschen.

2.
Die Ursprünge von WWT

WWT ist meine persönliche Weiterentwicklung von Be Set Free Fast.

Be Set Free Fast (wörtlich: sei schnell befreit) ist die Abkürzung für *Behavioral and Emotional Symptom Elimination Training For Resolving Excess Emotion: Fear, Anger, Sadness and Trauma* (Training zur Eliminierung von Verhaltensmustern und emotionalen Symptomen, um übertriebene Emotionen wie Angst, Ärger, Traurigkeit und Trauma aufzulösen).

BSFF wurde von dem Psychologen Dr. Larry Nims entwickelt und gehörte ursprünglich zu den Methoden der Energetischen Psychologie (wie auch EFT, TAT, PEAT, EmoTrance). Dr. Larry Nims war ein Schüler von Dr. Roger Callahan, der in den 80er-Jahren mit seiner Thought Field Therapie (TFT) die Energetische Psychologie begründet hat.

Die Grundthese dieses neuen Zweiges der Psychologie lautet: *Die Ursache für ALLE negativen Emotionen liegt in einer Störung des Energiesystems unseres Körpers.*

Larry Nims arbeitete seit 1989 mit TFT, aber dann erkannte er, dass die eigentliche Kontrollstation unseres körperlichen und seelischen Wohlbefindens das Unbewusste ist. Deshalb entwickelte er zwei Jahre später die ursprüngliche BSFF-Prozedur. Der Hauptunterschied zu den meisten energetischen Verfahren liegt darin, dass BSFF direkt mit dem Unbewussten arbeitet, in welchem unsere komplette Geschichte, alle Erinnerungen, Erfahrungen, Gefühle und Überzeugungen gespeichert sind. Außerdem werden in der weiterentwickelten Version des Instant-BSFF (i-BSFF), die Larry Nims seit 1998 verwendet, keine Akupunkturpunkte mehr beklopft. Deshalb bezeichnet er es auch nicht mehr als Energetische Psychologie, sondern als hypnotische Mantratechnik.

Nach Larry Nims ist es das Unbewusste, welches das Auftreten, die Häufigkeit und Intensität unserer emotionalen Probleme steuert.

Außerdem beeinflusst das Unbewusste auch den Energiefluss in den Meridianen.

Deshalb ist es nicht nötig, die Akupunkturpunkte zu beklopfen, wenn wir direkt mit dem Unbewussten arbeiten.

Auch unsere Gedanken, Emotionen und Verhaltensmuster werden von unbewussten Programmen kontrolliert und eingeschränkt. BSFF spielt dem Unbewussten, das man sich wie einen Computer vorstellen kann, eine neue Software auf. Diese wirkt, sobald sie einmal installiert worden ist, wie ein Antivirus-Programm und wird durch einen selbstgewählten Code aktiviert. Wenn wir diesen Code zusammen mit der Absicht, ein bestimmtes Symptom zu bearbeiten, einsetzen, löst es automatisch Heilungsprozesse in unserem Unbewussten aus – gemäß dem neuen Programm.

Ich habe den BSFF-Prozess vereinfacht, indem ich die drei BSFF- Schritte Stopper, Fail-Save und Verzeihen (sich selbst und anderen) mit in die Anleitung für das Unbewusste integriert habe und auch weitere Punkte eingebaut habe, die meiner Erfahrung nach hilfreich für die erfolgreiche Arbeit mit dem eigenen Unbewussten sind. So entstand WWT.

Außerdem erbittet man sich in der WWT-Anleitung ein Signal vom Unbewussten, das einem anzeigt, dass man mit seinem WunderWort den WWT-Prozess auslösen soll, ohne dass man selbst bewusst wissen muss, was nun behandelt wird, sondern man nutzt die Weisheit des inneren Heilers.

WWT eliminiert effektiv beeinträchtigende Emotionen, Erfahrungen, Verhaltensmuster und Überzeugungen. So können wir frei von diesen Blockaden leichter unsere Ziele erreichen und das Leben führen, das wir uns wünschen, da sich unsere gesunde, fröhliche Natur, die unter diesen Blockaden verschüttet war, entfalten kann.

Viele Eigenschaften des Unbewussten sind noch nicht erforscht, und wir werden mit der Zeit immer besser verstehen, warum WWT so gut wirkt. Für Sie ist es nur wichtig, sich an die Anleitung zu halten, damit Sie die gewünschten Ergebnisse erzielen. Sie werden an den vielfältigen Veränderungen in Ihrem Leben merken, dass WWT funktioniert.

Ich weiß, dass sich das alles unglaublich und vielleicht sogar nach Scharlatanerie anhört. Auch wenn die Brillanz dieser Methode in ihrer Einfachheit liegt, bitte ich Sie, ihr mit der nötigen Achtung zu begegnen, da vor allem in der Anleitung an das Unbewusste, die das Herzstück von WWT darstellt, sehr viel Know-how steckt und jedes Wort wichtig ist.

Es ist wie mit einem Fernseher. Er ist einfach zu bedienen und man kann mit den unterschiedlichen Programmen leicht und gezielt sein Leben bereichern. Trotzdem ist sehr viel Wissen und Technik nötig, damit alles wunschgemäß funktioniert. (Haben Sie sich schon einmal Gedanken gemacht, wie viele Menschen und Technik gebraucht werden, um z. B. nur eine Nachrichtensendung möglich zu machen?!)

Und wenn wir einmal keinen optimalen Empfang haben, heißt das noch lange nicht, dass die Errungenschaft des Fernsehens doch nicht funktioniert – vielleicht haben wir gerade einen Stromausfall, unser Empfangsgerät hat einen Defekt, wir haben nicht die richtigen Knöpfe gedrückt oder, oder, oder ...

3.
Keine Heilversprechen

Mit WWT behandeln wir nur psychologische Probleme und Themen. *Es wird keinerlei medizinische Heilung versprochen,* und die Methode ersetzt keine ärztliche oder therapeutische Betreuung. Genauso wenig sollten Sie einfach Medikamente oder Anwendungen absetzen.

Durch die Behandlung der emotionalen Wurzeln und Glaubenssätze, die mit körperlichen Symptomen zusammenhängen, kann aber die Heilung dieser Symptome unterstützt werden, da die meisten Beschwerden auch psychische Ursachen haben.

Wenn Sie ernste und hartnäckige Probleme haben, sollten Sie sich die Unterstützung eines erfahrenen Therapeuten oder Coaches holen.

Achten Sie bitte auf Ihren gesunden Menschenverstand und wagen Sie sich nicht an Themen, mit denen Sie eventuell nicht sicher und verantwortungsvoll umgehen können.

Sie müssen die volle Eigenverantwortung übernehmen, wenn Sie mit WWT arbeiten. Auch wenn unangenehme Reaktionen selten sind, seien Sie sich darüber im Klaren, dass Sie mit WWT auf einer sehr tiefen Ebene arbeiten.

Nutzen Sie auch professionelle Hilfe, wenn Sie merken, dass Sie alleine überfordert sind oder nur geringe oder keine Fortschritte machen. In diesem Fall können Widerstände gegen eine so schnelle Lösung des Problems oder verborgene Blockaden vorliegen, die ein erfahrener Coach oder Therapeut herausfinden und lösen kann.

4.
Die Theorie hinter WWT

Die Macht des Unbewussten

In unserem Unbewussten sind alle Erfahrungen und Informationen unseres Lebens abgespeichert. Jede Sekunde strömen über unsere Sinnesorgane (Augen, Ohren, Nase, Mund, Haut) über 2 Billionen Bits an Informationen auf uns ein. Das Unbewusste ist wie ein Computer, der ohne Firewall alles ungefiltert aufnimmt. Alles, was je ein Mensch, das Fernsehen, Bücher, Religionen usw. gesagt oder gezeigt haben, findet hier seinen Platz. Wenn wir eine neue Erfahrung machen, vergleichen wir diese mit dem, was bereits auf unserer Festplatte abgespeichert ist, indem wir einen Suchvorgang starten. Die Ergebnisse, die dann angezeigt werden, sind unsere absolute Wahrheit, auch wenn wir gar nicht mehr wissen, aus wessen Ideenspeicher sie stammen, und uns oft nicht bewusst ist, dass es auch andere "Wahrheiten" geben könnte. So wird das, was wir andauernd denken, lesen, hören oder sehen, zu unserer Realität (deshalb sollte man auch seine Quellen von Inputs immer wieder kritisch unter die Lupe nehmen).

Und wir verhalten uns auch so, als ob diese Überzeugungen real wären. Jede neue Erfahrung setzen wir in Beziehung zu dieser Wahrheit und bewerten sie entsprechend.

Wenn wir als Kind an das Christkind geglaubt haben, haben wir auch entsprechend gehandelt und gefühlt – und erstaunlicherweise haben wir oft genau das vom Christkind bekommen, was auf unserem Wunschzettel stand. Wenn wir irgendwann so viele neue Informationen abgespeichert haben, dass wir zu dem Ergebnis kommen, dass es doch kein Christkind gibt, werden wir auch keinen Wunschzettel mehr schreiben, die Aufregung und Vorfreude verschwinden und wir erleben vielleicht, dass wir uns alles, was wir uns wünschen, hart erarbeiten müssen. So manifestiert sich das, woran wir wirklich glauben, in unserem Leben. Die Pessimisten sehen sich mit immer schlimmeren Herausforderungen konfrontiert, den Optimisten fliegt so manches zu und sie können auch mit Schwierigkeiten besser umgehen.

In unserem Unbewussten liegt also eine gewaltige Kraft verborgen, die wir durch WWT gezielt nutzen können.

Solange wir nicht gelernt haben, mit dieser Kraft umzugehen, ist sie ungebändigt wie ein wildes Pferd, das vor unsere Kutsche gespannt ist und das wir nicht steuern können. Wir sind seiner Energie hilflos ausgeliefert.

Die meisten Menschen glauben, ihr Bewusstsein – das, was sie als Willen (Kutscher) wahrnehmen – würde ihren Lebensweg steuern, aber letztendlich entscheidet das Unbewusste (Pferd), das wir oft nicht einmal richtig wahrnehmen und kaum kennen, wohin wir uns bewegen. Das Unbewusste arbeitet rund um die Uhr – sogar wenn wir schlafen – für uns. Es steuert die unwillkürlichen Muskelkontraktionen, Organe und Körperfunktionen und ebenso unser Gefühlsleben und ist somit der wahre Motor unserer Lebenskraft. Wenn wir es aber schaffen, dem Pferd Zügel (die WWT-Anleitung) anzulegen, mit denen wir Richtung und Geschwindigkeit vorgeben können, dann sind wir in der Lage, mit

Hilfe seiner Energie ganz leicht unser Ziel zu erreichen.

Und wie es bei dem Pferd nicht reicht, ihm nur die Zügel anzulegen – wir müssen uns vorher klar sein, wohin wir wollen und dann kontinuierlich die Zügel entsprechend einsetzen –, müssen wir auch klare Ziele definieren und unser WunderWort immer wieder nutzen. Es reicht auch nicht, wenn ich nur die Zügel in die Hand nehme, ich muss mich auch um das Pferd (unser Unbewusstes), den Wagen (unseren Körper) und den Kutscher (unser Bewusstsein) kümmern, denn nur wenn alles gut versorgt und sicher ist, werden wir auch am Ziel ankommen. Das bedeutet im übertragenen Sinn, dass ich auch **aktiv** dazu beitragen muss, dass sich meine Lebensumstände, Verhaltensweisen, Fähigkeiten, Überzeugungen und Identität so gestalten, dass sie mich auf meinem Weg zum Ziel unterstützen.

So wird man vom hilflosen Opfer, das einem ungezähmten Pferd ausgeliefert ist, zum aktiven Gestalter seiner Gedanken, Gefühle und damit seines Lebens, der den anstrengenden Teil entspannt seinem gezähmten Pferd überlassen kann.

Die Wirkungsweise des Unbewussten

Jedes Mal, wenn ein Auslöser, auf den unser Unbewusstes konditioniert ist, wahrgenommen wird, z. B. ein bestimmter Tonfall, löst unser Unbewusstes wie ein treuer Diener sofort alle nötigen Schritte aus, um das bekannte und programmierte (oft problematische) Verhalten, Denken, Fühlen usw. und die damit verbundenen persönlichen Auswirkungen (oft Einschränkungen) erneut zu durchlaufen. Diesen Mechanismus nennt man kalibrierte Schleifen. Das Unbewusste hält sich dabei exakt an die Anweisungen, die ihm irgendwann einmal gegeben wurden, z. B. "reagiere mit Panik, wenn du diesen Tonfall wahrnimmst, denn es folgt etwas Schlimmes". Dieser Automatismus läuft immer und bei allen Menschen ab, wobei wir uns dessen nur in den seltensten Fällen bewusst sind.

Mit der WWT-Anleitung machen wir uns genau diese Eigenschaft unseres Unbewussten, dass es genau das tut, was ihm gesagt wird, im positiven Sinn nutzbar. Die Formulierung wird vom Unbewussten wörtlich umgesetzt. Deshalb ist die einmalige Anweisung, die wir unserem Unbewussten neu aufspielen, sehr detailliert und jedes einzelne Wort ist von Bedeutung.

Mit WWT spielen wir unserem Unbewussten eine Art Virenschutzprogramm auf, das all die schädlichen Dateien, die sich zum Teil verselbstständigt haben und den normalen Arbeitsablauf stören, eliminieren kann, wenn wir es über bestimmte Sektoren laufen lassen.

Das ist schon das Grundgerüst der gesamten WWT-Arbeit. Bedenken Sie, dass Ihr Unbewusstes, in dem alles, was wir je erlebt, gefühlt und gedacht haben, gespeichert ist, das meiste für Sie erledigt. Sie müssen ihm nur mit Ihrem WunderWort die Anweisung geben, das von Ihnen wahrgenommene Problem zu bearbeiten.

5.
Was kann ich mit WWT behandeln?

WWT kann jede Art von körperlichen, seelischen oder geistigen Problemen oder Themen behandeln, wenn sie emotionale Ursachen haben.

> Niedriges Selbstwertgefühl und Selbstzweifel

> Scham, Schuld, Selbstkritik, eingeschränkte mentale, emotionale und körperliche Fähigkeiten

> Unerfüllte Beziehungen, Misstrauen, Unfähigkeit, Nähe zu anderen aufzubauen

> Unzufriedenheit in vielen Lebensbereichen, Langeweile

> Finanzielle Schwierigkeiten, mangelnde Leistungen in Schule/Beruf

> Schlechter Gesundheitszustand, Energielosigkeit, Müdigkeit, körperliche Schmerzen, Allergien, Infektionen, schwaches Immunsystem

> Mangelnde Lebensfreude

> Phobien, Ängste, Sorgen, Unsicherheit, Entscheidungsschwierigkeiten

> Einsamkeit, Verlassenheit, Isolation, Gefühl der Leere

> Depression, Verzweiflung, Entmutigung, Enttäuschung

> Schüchternheit, Liebeskummer

> Ärger, Wut, Verbitterung gegenüber sich selbst und anderen

> Traurigkeit, Trauer, Sorgen, tiefe Verletzungen, Hilflosigkeit, Hoffnungslosigkeit

> Sucht, mangelnde Kontrolle der Gefühle, Gedanken oder des Verhaltens (Gewicht, Rauchen, Drogen, Spielen, Sexualität)

> Sexuelle Störungen

> Mangelndes Vertrauen in sich selbst/Gott/das Leben

> Erreichen von beruflichen, sportlichen, körperlichen und kreativen Spitzenleistungen

Nutzen Sie WWT für alles, und schließen Sie nichts von vorneherein aus. Sie werden erstaunt sein, wobei es Ihnen und anderen überall helfen kann. Geben Sie sich nicht damit zufrieden, dass Sie sich etwas besser fühlen, bleiben Sie hartnäckig, bis Sie alle Nuancen des Problems aufgespürt und behandelt haben - zu 100 Prozent!

Außerdem können Sie Ihr WunderWort nutzen, um erwünschte Qualitäten wie z. B. Mut oder Selbstvertrauen aufzubauen. Das gibt Ihnen die Möglichkeit, wirklich die volle Verantwortung für Ihr Leben und Ihr Glück zu übernehmen und es wunschgemäß zu steuern.

6.
Die Auswahl des WunderWortes

Suchen Sie sich nun ein Wort oder einen kurzen Satz aus, den Sie als WunderWort nutzen wollen – vielleicht eine Formulierung, die Sie mit Ihren Zielen verbinden. Das kann jedes beliebige Wort sein, denn nur wenn Sie es zusammen mit der Absicht, ein bestimmtes Problem zu behandeln, einsetzen, wird es diese Wirkung haben. Wenn es im täglichen Sprachgebrauch fällt, hat das keinerlei Folgen.

Sie können Ihr WunderWort auch jederzeit ändern oder noch zusätzliche WunderWörter etablieren, indem Sie dies Ihrem Unbewussten einfach mitteilen.

Zum Beispiel: "Liebes Unbewusstes, ich möchte ab sofort anstelle (altes WunderWort) ... als WunderWort nutzen."

Oder:

"Liebes Unbewusstes, ich möchte jetzt auch zusätzlich ... als WunderWort nutzen."

Hier einige Beispiele:

> Schlüsselblume

> Liebe

> Sonne

> Erfolg

> Du schaffst es.

> Hoffnung

> Regenbogen

> Trau dich!

> Standfestigkeit

Wenn Sie Ihr WunderWort einsetzen, um den WWT-Prozess auszulösen, müssen Sie Ihrem Unbewussten auch *Ihre Absicht, ein bestimmtes Problem zu bearbeiten*, signalisieren. Dabei genügt es, ein Problem einfach bewusst wahrzunehmen. Sie müssen es nicht einmal genau identifizieren, benennen oder verstehen können.

7.
Die Anweisung an Ihr Unbewusstes

Vorbemerkung

Diese Anweisung müssen Sie Ihrem Unbewussten nur **einmal** geben und dann nie mehr. Es wird dann immer zustimmen, sofort all das zu tun, was Sie von ihm wollen (so wie es die ganze Zeit schon immer genau das getan hat, was ihm aufgetragen wurde, auch wenn es nicht unbedingt zu unserem Wohl war, da die programmierten Aufträge z. T. destruktiv waren). Die verschiedenen Teile Ihres Unbewussten werden so lange dieser Anweisung folgen, bis Sie ihnen sagen, dass sie es nicht mehr tun sollen – aber was für einen Grund sollte es dafür geben?

Teilearbeit (nach Stephen Daniel)

In der Anweisung für Ihr Unbewusstes wird unsere Person als Ganzheit vieler einzelner Teile (Tochter, Partnerin, Mutter, Chefin, Freundin, Schöne, Ratgeberin, Kritikerin, Träumerin, Faule, ...) angesprochen. Damit die Behandlung erfolgreich ist, müssen diese Teile als mögliche Lagerstätten von verschiedenen Aspekten für jedes angesprochene Problem erkannt und anerkannt werden. Wir laden diese Teile liebevoll ein, an der Behandlung teilzunehmen.

Damit wird sichergestellt, dass alle möglichen Teile unserer Persönlichkeit, die ein Problem auf irgendeine Weise mit verursachen, erfasst werden.

Es kommt auch vor, dass wir im Laufe unseres Lebens einen oder mehrere Teile von uns aufgrund einer traumatischen Erfahrung abspalten, um uns vor dieser schmerzhaften Erfahrung zu schützen. So sind wir in der Lage, unseren Alltag weiterhin zu meistern. Der Preis dafür ist meist ein sehr hoher Verlust an Energie und Lebensfreude. Wenn wir so ein Trauma bearbeiten wollen, ist es nötig, diese

Teile wieder in unser System zu integrieren. Nur dann ist eine umfassende und dauerhafte Lösung des Problems möglich.

Diese lebenswichtigen und unentbehrlichen Teile müssen wieder eingeladen und in jede WWT -Behandlung miteinbezogen werden.

Besonders wenn Dissoziation (Sie nehmen Ihre Situation wie ein unbeteiligter Zuschauer wahr) oder viele Psychologische Umkehrungen den Fortschritt der Heilung blockieren, ist Teilearbeit sehr effektiv. Außerdem brauchen oft Menschen mit chronischen Themen, die nicht heilen wollen, die Teilearbeit, bevor sie wirklich gesund werden können.

Wenn wir klein sind, erleben wir so manches Trauma – und das muss nicht gleich ein Missbrauch sein, sondern einfach etwas, das wir damals als traumatisch erlebt haben: die Geburt eines Geschwisterchens, der Tod eines Haustiers oder eine Veränderung in der Familie.

Dann passiert Folgendes: Wenn wir clever, kreativ und klar genug sind, kreieren wir innere Helden in uns, die sich abtrennen. Sie wickeln sich selbst um diesen Schmerz oder dieses Trauma und ziehen dann eine Decke des Vergessens über sich, so dass wir leben und gedeihen und unserem Alltag nachgehen können, ohne uns des großen Einflusses des Traumas bewusst zu sein. Diese Helden haben einen fantastischen Job geleistet, indem sie uns geholfen haben, mit unserem Leben und diesen alten Schmerzen umgehen zu können. Das Problem dabei ist, dass diese Amnesiedecken mit zunehmendem Alter Löcher bekommen. Außerdem erfordert die Bereitstellung dieser Decken einen enormen Energieeinsatz - und diese Energie steht uns dann nicht für Heilung, Kreativität, Lebensfreude und andere Dinge zur Verfügung.

Außerdem gibt es Teile, die sich bereiterklärt haben, den Ärger, der aus diesen Traumen entstand, zu übernehmen - und sie zahlen dafür den hohen Preis der Einsamkeit.

Wieder andere Teile funktionieren wie eine Art Versicherung, dass uns nie mehr solcher Schmerz widerfährt, und sie würden eher unseren Tod wählen, als uns noch einmal solch eine schlimme Situation durchleiden zu lassen.

All diese Teile werden mit in den WWT-Prozess integriert, und sie erhalten auf diese Art neue und bessere Wahlmöglichkeiten, so dass wir ihr Wissen, ihre Fähigkeiten und ihre Energie optimal für uns nutzen und destruktive Verhaltensweisen auflösen können.

Seien Sie sich also darüber klar, dass nach der Installation dieser Anweisung Ihr Unbewusstes automatisch alle Teile Ihrer Persönlichkeit und alle vergangenen Erlebnisse, die mit dem Problem verbunden sind, miteinbezieht, auch wenn Sie die Worte "ich", "mich", "mich selbst" usw. benutzen.

Aspekte der Russischen Methoden

Die Russischen Methoden wurden von Grigori Grabovoi und seinen Schülern Arkady Petrov und Igor Arepjev begründet und sind rein energetisch-informative Methoden, durch die Menschen in der Lage sind, ihre eigene Realität zu verändern.

Auf der Informationsebene ist alles auf Geometrie, Mathematik, Worten, Zeichen, Symbolen und Codes aufgebaut.

Die Russischen Methoden heilen nicht nur kranke Organe, sondern lassen auch verlorene, zum Beispiel operativ entfernte Organe wieder nachwachsen. Die Erklärung dafür ist, dass es für jedes Organ ein "göttlich" formatiertes, energetisches Hologramm gibt, eine genetische Urprägung, aus der sich das Organ wieder völlig neu aufbaut.

Letztendlich haben die Russischen Methoden die Rettung und harmonische Entwicklung der Menschen und der Welt als Ziel.

In der Anleitung an das Unbewusste sind Elemente dieser Lehre eingebaut, u. a. Reinigung des Archivpunkts, Veränderung der eigenen Vergangenheit, Austreten aus fremden Ereignissen und Harmonisierung zur Norm des Schöpfers.

Diese zusätzlichen Wirkfaktoren können natürlich keine komplette "Lenkung" der Russischen Methode ersetzen und das sollen sie auch nicht, aber das erweiterte WunderWort ist eine noch effektivere Unterstützung, wenn Zeit und Konzentration fehlen, um eine Lenkung durchzuführen, und dient als Turbo zur schnelleren Manifestierung aller bearbeiteten Themen.

Alles, was Sie bis jetzt gelesen haben, hilft Ihrem Unbewussten zu verstehen, was es für Sie tun soll.

WWT – Anleitung für das Unbewusste

Nun folgt die Anweisung, die Sie Ihrem "treuen Diener" nur ein einziges Mal geben. Bitte nehmen Sie sich dazu die nötige Zeit und Ruhe.

Lesen Sie die Anleitung einfach durch, sprechen Sie laut zu Ihrem Unbewussten oder lassen Sie sich den Text vorlesen.

An der entsprechenden Stelle (mein Wunder-Wort lautet) setzen Sie bitte Ihr persönliches WunderWort ein.

Dabei müssen Sie den Sinn all dieser Formulierungen nicht bewusst verstehen – Ihr Unbewusstes versteht sie und das genügt.

Deshalb schadet es auch nicht, wenn Sie beim Lesen oder Zuhören gedanklich abdriften.

In dieser Anleitung bitten Sie Ihr Unbewusstes auch, Ihnen ein Signal zu schicken, das Ihnen deutlich macht, dass Sie den WWT-Prozess auslösen sollen. Bleiben Sie ganz entspannt und beobachten Sie, ob Sie eine besondere Körperempfindung, ein Bild, eine Stimme oder eine andere Wahrnehmung registrieren, und nehmen Sie sich an dieser Textstelle so viel Zeit, wie Sie möchten.

Falls Sie dieses Signal nicht direkt während der Installation der Anleitung erkennen, können Sie Ihr Unbewusstes auch zu einem späteren Zeitpunkt noch einmal darum bitten.

Vielleicht merken Sie auch, dass ein Signal immer dann auftaucht, wenn Sie Ihr WunderWort einsetzen.

Dieses Signal ist eine Zusatzoption – und auch wenn Sie es nicht wahrnehmen können (weil Sie es dann vielleicht noch nicht brauchen), steht der "normalen" Anwendung von WWT nichts im Weg.

Wenn Sie jemand anderem die Anweisung geben möchten, lesen Sie ihm (nach entsprechenden Erklärungen) den Text vor und sagen Sie, dass Sie für ihn sprechen und deshalb die Ich-Form verwenden. Damit weiß auch Ihr eigenes Unbewusstes, dass der Text nicht für Sie gedacht ist, und es kommt zu keiner Verwirrung mit den WunderWörtern.

Auch für Kinder ist diese Vorgehensweise möglich, da sie (genauso wie Erwachsene) den Text nicht verstandesmäßig erfassen müssen.

Liebes Unbewusstes,
die folgende Anleitung ist für dich.

Wann immer ich bewusst ein Problem wahrnehme, das ich gerne von dir lösen lassen will, und ich mein WunderWort ausspreche oder denke, behandle bitte dieses Problem sofort für mich und alle Teile meiner Gesamtheit, alle meine Körper, den physischen, ätherischen, emotionalen, spirituellen und Lichtkörper, alle Chakren und meine DNS mit der vollständigen, hier beschriebenen Methode und trage dadurch gleichzeitig zur Bewusstwerdung aller Menschen und zur ewigen harmonischen Entwicklung aller Bewusstseinsformen bei.

Mein WunderWort lautet:

_____

Bitte reinige den Archivpunkt meiner Seele, bis er strahlend hell leuchtet, und behandle gleichzeitig alle genetischen, ahnen- und generationsbezogenen und gegenwärtigen Aspekte dieses Problems sowie sämtliche emotionalen Wurzeln, Gedankenformen und Glaubenssätze und lösche alle Gelübde, Schwüre, Eide, Versprechungen und Verpflichtungen und löse alle Seelenverträge, Flüche, Bannsprüche, Verbote, sozialen und karmischen Verstrickungen auf, die mit diesem Problem und/oder mit verwandten Erfahrungen auch nur in irgendeiner Verbindung stehen.

Das heißt, dass du auch alle abgespaltenen Teile dieses gesamten Problems behandelst.

Ich danke diesen Teilen für die tolle Arbeit, die sie geleistet haben. Sie werden schnell merken, wie rasch und kraftvoll wir mit WWT etwas verändern können. Sie ist eine der wenigen Methoden, die innere Teile nicht dazu zwingen, zurück in ihre schmerzvollen Erinnerungen zu gehen, erneut von diesen Ereignissen traumatisiert zu werden oder diese Erlebnisse zu offenbaren.

Liebes Unbewusstes, bitte unterstütze alle Teile dabei, all die alten Schmerzen oder Traumen, die sie die ganze Zeit für mich unter der Decke des Vergessens gehalten haben, loszulassen. Behandle dabei auch alle Widerstände gegen die von mir gewünschte Veränderung. Bitte sprich mit diesen Teilen innerlich das WunderWort, während ich es laut ausspreche oder denke. Ich danke dir und diesen Teilen schon jetzt, dass ihr das tut. Die WunderWort-Technik manipuliert oder verdrängt nie einen dieser Teile. Die Teile erhalten nur zusätzliche Wahlmöglichkeiten und Chancen der Heilung. Und deshalb kann jeder Teil, wenn er will, bei jedem Problem aufhören, das WunderWort innerlich auszusprechen, und so immer die Kontrolle behalten.

Aber wenn die Teile mitarbeiten und wenn sie alte Schmerzen, Traumen, Scham, Wut, Angst, Depression, Ärger – oder was auch immer damit zusammenhängt – loslassen, bitte ich sie, tief einzuatmen und mit jedem Atemzug immer größere Stärke, Mut, Kreativität, Akzeptanz, Frieden und Wohlgefühl einzusaugen. Denn ich will sie auf keinen Fall verlieren. Ich will ihre unglaubliche Kraft und ihr unerschütterliches Durchhaltevermögen für die Entfaltung meines vollen Potenzials nutzen.

Bitte sorge auch dafür, dass eventuell abgespaltene Teile geheilt werden, aufwachsen und so dem heutigen Alter entsprechen und dann wieder integriert werden und es auch dauerhaft bleiben.

Bitte beziehe ab sofort immer alle Teile von mir – in welcher Kombination auch immer sie auftreten mögen – mit ein, auch wenn ich nur von "mir" spreche.

Behandle alle diese Teile auf allen Ebenen, die in irgendeiner Weise direkt oder indirekt für das Problem, das ich von dir behandeln lassen will, eine Rolle spielen.

Bitte transformiere alle Probleme, die ich behandeln möchte, komplett und dauerhaft zur Norm des Schöpfers, zusammen mit allen möglicherweise vorhandenen Programmierungen, die jetzt oder irgendwann später bewirken können, dass ich diese Probleme behalte, oder die erlauben, dass sie wiederkommen.

Bei jeder Anwendung meines WunderWortes beschließe ich gleichzeitig, dass ich an den Ereignissen, die zu dem Problem geführt haben, nicht teilgenommen habe, sondern meinen lichten Weg gegangen bin. Die Ereignisse und alle ihre Beteiligten sind ihre lichten Wege gegangen und es kam zu keiner Verstrickung. Durch diesen Beschluss manifestiere ich eine veränderte Vergangenheit auf der Quantenebene.

Außerdem beschließe ich, dass ich aus fremden Ereignissen austrete und meinen eigenen lichten Weg gehe. Die fremden Ereignisse und ihre Beteiligten gehen ihre lichten Wege und es kommt zu keinen Verstrickungen. Dadurch manifestiere ich eine freie und unbelastete Gegenwart mit einem neuen Blickwinkel, der letztendlich für alle Beteiligten hilfreicher ist.

Wann immer ich dich bitte, ein bestimmtes Problem zu behandeln und zu entfernen, vermittle bitte darüber hinaus meinem Bewusstsein eine klare Wahrnehmung aller Aspekte, die irgendwie mit dem momentan zu behandelnden Problem zusammenhängen. Bitte vermittle mir diese Wahrnehmung in Bildern, Worten oder Symbolen, die ich bewusst erkennen, deuten und verstehen kann.

*Liebes Unbewusstes, bitte bringe immer genau die richtigen Themen zur richtigen Zeit hoch und schicke mir **jetzt** ein Signal, z. B. ein Bild oder ein Körpergefühl, das mir als Zeichen dient, mein WunderWort einzusetzen. **(Pause zum Wahrnehmen)***

So kann ich mich von Themen befreien, ohne dass sie mir erneut bewusstwerden müssen.

Bitte behandle jeden Gedanken, jedes Gefühl, jedes Verhaltensmuster, jede Haltung, Überzeugung, Vorstellung oder jeden Aspekt des von mir wahrgenommenen Problems und alles, was mich davon abhält, einfach, schnell und auf angenehme Art jetzt und für immer von diesem Problem befreit zu sein.

Bitte behandle auch alles in meinem Leben, was mit diesem Problem zusammenhängt oder von ihm beeinflusst wurde, egal ob ich es weiß oder nicht, ob es offen oder versteckt ist – und ebenso die Schattenseite dieses Themas.

Das bedeutet, dass du, liebes Unbewusstes, sämtliche negativen und hemmenden emotionalen Wurzeln, Gedankenformen und Glaubenssätze, die mit dem Problem, das ich beabsichtige, von dir behandeln zu lassen, auch nur irgendwie zusammenhängen, transformierst. Jede Behandlung umfasst alle Situationen, in denen ich je dieses Problem oder Teile dieses Problems erfuhr oder durchlebte.

Bei jeder Behandlung beziehst du bitte auch solche unerwünschten Einzelheiten mit ein, die durch alle möglichen Kombinationen von Kopf- und Augenpositionen, Körperhaltungen und -funktionen, die in mir aktiv waren, als das Problem entstand oder irgendwann in meinem Leben auftrat, ausgelöst werden können, und du löschst alle beeinträchtigenden Körper-, Organ- und Zellerinnerungen.

Gleichzeitig entfernst du bitte auch jeden posttraumatischen Stressfaktor, der mit irgendeiner emotionalen Wurzel meines Problems verbunden und durch oder während der Aktivität dieser emotionalen Wurzel ausgelöst worden ist.

Du löst diese posttraumatischen Stresseffekte vollständig auf, so dass sie in mir keinerlei geistige, emotionale, physische oder spirituelle Beschwerden oder Unausgeglichenheit mehr auslösen können. Die posttraumatischen Stressfaktoren, die du entfernst, umfassen alle negativen Effekte auf mein System, wie z. B.:

> Schock   > Apathie

> Schuld   > Sorge

> Angst   > Kummer

> Trauer   > Verzweiflung

> Verwirrung   > Verletzung

> Ärger   > Wut

> Mangeldenken   > Gier

> Überheblichkeit

Ebenso löst du bitte auch die Ursache für diese Gefühle auf, die in dem Bedürfnis nach Kontrolle, Anerkennung und Sicherheit liegen, und öffnest mir damit den Weg zu Freiheit und innerem Frieden.

Du tust das alles für mich, unabhängig davon, ob mir bewusst ist, was das Problem ist oder nicht, und sogar dann, wenn ich das Problem nicht einmal identifizieren, mit Worten beschreiben oder benennen kann.

Es reicht, wenn ich ein Problem oder dein Signal bemerke und mein WunderWort einsetze. Daraufhin behandelst und entfernst du das Problem, alle damit verbundenen Teile und den Widerstand, das Problem loszulassen, vollständig, sicher und auf immer.

Du entfernst auch alle Probleme, einschränkenden Gefühle, Gedanken, Gedankenformen, Glaubenssätze, Energien und deren Samen, die nicht meine eigenen sind, sondern die ich bewusst oder unbewusst von anderen übernommen habe oder die an mir haften, und du schützt mich davor, dass sie zurückkehren. Außerdem befreist du mich vor jeder Art von Mindcontrol und schützt mich dauerhaft vor ihrem Zugriff.

Gleichzeitig behandelst du bitte auch allen Ärger oder andere negativen Emotionen, Haltungen, Überzeugungen oder Vorstellungen anderer Menschen, der Welt, dem Leben, Gott oder anderen Wesen und Dingen gegenüber, die in irgendeiner Weise mit dem von mir ausgewählten Problem zu tun haben.

Anschließend behandle alles, was mich davon abhält, diesen Personen zu verzeihen, was sie vielleicht bewusst oder unbewusst im Zusammenhang mit diesem Problem gedacht, gesagt oder getan haben, bis ich ihnen wirklich aus tiefstem Herzen verzeihen kann, weil ich erkannt habe, dass sie immer das Beste getan haben, was sie unter ihren Voraussetzungen und mit ihren Möglichkeiten tun konnten, und dass alles genau so richtig und wichtig für meine spirituelle Entwicklung war.

Bei jeder dieser Behandlungen negativer Gefühle und von Unverzeihlichkeit gegenüber einer anderen Person oder einer Gruppe von Menschen behandle bitte diese Haltungen hinsichtlich der ganzen Persönlichkeit und aller Teile dieser Person oder aller Personen innerhalb dieser Gruppe von Menschen.

Heile bitte auch alle Aspekte in mir, die mir durch die problematische Situation im Außen gespiegelt werden, indem du diesen Anteilen von mir Verständnis, Akzeptanz, Liebe und Dankbarkeit vermittelst.

Behandle bitte außerdem auch allen Ärger, jede Abwertung, Kritik, jedes Bereuen, alle Scham und Schuld oder irgendeine andere negative Haltung, die ich **mir selbst gegenüber** *habe, und schließe in jede dieser Behandlungen jeden Ärger und jede Schuld mir selbst gegenüber ein, die ich vielleicht in früheren Behandlungen nicht erfasst habe. Du wirst diese Aktualisierungsarbeit vornehmen, egal wie lange die vorherigen Behandlungen zurückliegen, und anschließend alles behandeln, was mich davon abhält, mir selbst zu verzeihen, was ich vielleicht bewusst oder unbewusst im Zusammenhang mit diesem Problem gedacht, gesagt oder getan habe, bis ich mir selbst aus tiefstem Herzen vergeben kann, weil ich erkenne, dass auch ich immer das Beste tat, was ich tun konnte, und dass es genau so optimal für meine spirituelle Entwicklung war und es deshalb in Wahrheit gar nichts zu verzeihen gibt.*

Behandle bitte auch alles Bedauern darüber, dass ich dies alles nicht schon längst gelöst habe, und die Wehmut, die ich haben könnte, über all die verlorene Liebe, Gesundheit, den Reichtum oder über ungenutzte Chancen, die dieses Problem zur Folge hatte. Bitte transformiere auch alle übrigen Gedanken, Gefühle, Haltungen, Überzeugungen, Vorstellungen, Aspekte, Energien und Informationen dieses Problems, die vielleicht noch in mir oder meiner Umwelt verborgen sind, und sorge dafür, dass ich alle Geschenke, die z. B. in Form von Erkenntnissen in diesem Thema enthalten sind, bewusst erkenne und annehme.

Behandle bitte auch alles, was mich daran hindert, die maximale Lernerfahrung aus diesem Problem zu ziehen, alles, was mich davon abhält, alles zu verinnerlichen, was mich davor schützt, dieses Problem erneut zu haben, und alles, was mich unsensibel dafür macht, was ich wissen muss, um ein gesunder, weiser, reicher, friedlicher, in sich ruhender, kreativer und zufriedener Mensch voller Vertrauen zu sein.

Bitte mache dies alles ab sofort für mich, für jedes Problem, das ich je behandle, indem ich mein WunderWort einsetze.

Du machst das für mich mit jedem WunderWort, welches ich dir je als einleitenden Befehl für die WWT-Behandlung gebe.

Alles, was ich zu tun habe, wenn ich ein Problem bemerke, ist, die Behandlung mit einem von mir gewählten WunderWort einzuleiten.

Blockaden

Liebes Unbewusstes, jedes Mal, wenn ich mein WunderWort benutze, behandle bitte gleichzeitig auch alle folgenden Aussagen, die auf mich zutreffen:

› Ich habe Angst, dass diese Methode bei mir nicht dauerhaft funktioniert.

› Ich traue mir selbst nicht zu, effektiv mit dieser Technik zu arbeiten.

› Ich bezweifle, dass ich diese Veränderungen in mein Leben integrieren kann.

› Ich glaube, nicht vollständig über dieses Problem hinwegkommen zu können.

> *Ich bin noch nicht bereit, dieses Problem vollständig zu lösen.*

> *Ich fühle, dass es für mich oder für andere nicht sicher ist, dieses Problem vollständig zu lösen.*

> *Ich habe Angst, mich diesem Problem zu stellen.*

> *Ich fühle mich beraubt, wenn das Problem vollständig gelöst ist.*

> *Etwas hindert mich daran zu tun, was nötig ist, um das Problem vollständig zu lösen.*

> *Ich verliere einen Teil meiner Identität, wenn dieses Problem vollständig gelöst ist.*

> *Ich verdiene es nicht, komplett von dem Problem befreit zu sein.*

Selbstbild/Selbstvertrauen

Liebes Unbewusstes, jedes Mal, wenn ich mein WunderWort benutze, behandle bitte gleichzeitig auch alles, was folgenden Überzeugungen von mir im Weg steht:

> *Ich akzeptiere und liebe mich genau so, wie ich bin.*

> *Ich habe einen wundervollen Körper.*

> *Ich führe harmonische und erfüllende Beziehungen.*

> *Ich treffe die richtigen Entscheidungen und vertraue meiner Intuition.*

> *Meine Gedanken, Worte und Taten sind liebevoll, positiv und konstruktiv.*

> *Ich tue alles Nötige, damit ich jetzt erfolgreich, glücklich und gesund bin.*

> *Ich bin dankbar für jede neue Erfahrung und liebe das Leben.*

> *Ich bin offen für Veränderung.*

> *Ich vertraue.*

> *Ich habe einzigartige Talente und Fähigkeiten und erfreue mich an meiner Individualität.*

> *Ich entfalte mein höchstes Potenzial.*

> *Ich bin vollkommen in meiner scheinbaren Unvollkommenheit.*

> *Ich verdiene nur das Beste in meinem Leben.*

> *Ich bin ein lebender Glücksmagnet.*

> *Ich heiße die Liebe in meinem Leben willkommen.*

> *Das Universum liebt mich und es ist meine Bestimmung, Erfüllung zu finden und Harmonie zu schaffen.*

Liebes Unbewusstes, bitte behandle jedes Mal, wenn ich mein WunderWort benutze, alle Probleme eines negativen Selbstbildes und alle Gedanken, Haltungen und Gefühle, denen ich je zugestimmt habe über mich als Persönlichkeit, sowie alle Probleme, die mein Selbstvertrauen betreffen, und alle negativen Gedanken, Haltungen und Gefühle, denen ich je zugestimmt habe über mich selbst als handelnder Mensch.

Liebes Unbewusstes, bitte nutze alle hilfreichen Ressourcen auf allen Ebenen zu diesem Thema und lenke auf meiner Seelenebene, damit die Prozesse so leicht, effektiv, schnell und angenehm wie möglich ablaufen, und stärke damit das Vertrauen in meine Schöpferkraft.

Liebes Unbewusstes, bitte behandle auch jeden Tag, an dem ich mein WunderWort nicht genutzt habe, alle Blockaden, die mich davon abhalten, diesen Prozess auszulösen, wie z. B.:

> Ich glaube nicht, dass es so leicht und einfach gehen kann.

> Ich glaube nicht, dass es mir bei meinen Problemen helfen kann.

> Ich vergesse, den Prozess auszulösen.

> Ich nehme meine Probleme nicht wahr.

> Ich habe keine Lust, mein WunderWort zu benutzen.

> Ich habe Angst vor den Veränderungen, die durch mein WunderWort ausgelöst werden.

Liebes Unbewusstes, bitte behandle auch, was auch immer mich davon abhält, diese Hilfe von dir jeden Tag, in jeder Situation, die ich nicht optimal mit Liebe, Freude, Frieden, Freundlichkeit, Güte, Sanftheit, Geduld, Vertrauen und Selbstsicherheit lebe und in der ich nicht all meine Fähigkeiten und Talente nutze, um Glück und Harmonie für mich, alle Menschen und die Erde zu erschaffen, mit meinem WunderWort auszulösen.

Liebes Unbewusstes, bitte tue von jetzt an immer all diese Dinge für mich, egal in welcher Verfassung, äußeren Umständen oder Situationen ich bin, egal welches Problem ich mir vorstelle oder an was ich mich erinnere, wiederhole dies so lange, bis das jeweilige Thema zur Norm des Schöpfers transformiert ist, und fixiere das Resultat nach allen Parametern der Schöpfung, auf allen Ebenen der Realität und für alle Zeiten.

Ich danke dir, dass du mein treuer Helfer bist!

Kontrolle

Man kann nach der Installation der Anweisung eine einmalige Kontrolle durchführen, ob das Unbewusste auch alles verstanden hat.

Dazu setzt man den Muskeltest oder einen Selbsttest (z. B. O-Ring-Test) ein und testet folgende Aussagen:

Ich glaube, dass ich diese Technik für jedes Problem, das ich behandeln möchte, verwenden kann.

Mein Unbewusstes macht das für mich.

Beide Aussagen müssen stark testen.

Larry Nims hat bei seinen tausendfachen Überprüfungen immer festgestellt, dass das Unbewusste sofort die BSFF-Instruktionen angenommen und umgesetzt hat, es ist ihm kein Fall bekannt, wo sich das Unbewusste gesträubt hat.

Ich lasse deshalb diese Überprüfung weg, denn es ist meiner Meinung nach ein Misstrauen in das Unbewusste. Und wie man aus der Quantenphysik weiß, beeinflusst die Erwartung des Versuchsleiters das Testergebnis. Ich gehe davon aus, dass das Unbewusste immer versteht, und das wird genauso bestätigt wie die Überzeugung, dass man alles nachtesten muss. So soll jeder die für sich optimale Verfahrensweise entwickeln.

Ich ersetze diese Fragen lieber durch die Anweisung:

"Liebes Unbewusstes, wenn es noch irgendetwas gibt, das eine sofortige und optimale Umsetzung dieser Anweisung blockiert, so behandle es jetzt." (WunderWort)

Ein Argument für den Muskeltest ist die Sicherheit, die er dem Klienten gibt, wenn dieser eine klare Antwort durch seinen Körper bekommt.

Ich bitte die Klienten, schon bevor sie zu dem Setting kommen, eine negativ besetzte Erinnerung auszuwählen, deren Neutralisation für sie am wertvollsten wäre. Im Anschluss an das Vorlesen der Anleitung für das Unbewusste bearbeite ich diese Erinnerung nach dem EFT-Prinzip der Filmtechnik (vgl. "EFT – Emotionale Freiheit", S. 41), und bei jeder Gefühlsintensität soll der Klient sein WunderWort aussprechen (das ist für mich leichter mitzuverfolgen, als wenn er es nur denkt). Wenn er merkt, dass diese Erinnerung, die ihn vorher sehr belastet hat, keinen Einfluss mehr auf ihn hat, ist das für ihn der beste Beweis, dass sein Unbewusstes verstanden hat und dass sein WunderWort wirkt.

Ich verzichte auf den Muskeltest, der immer viele Unsicherheiten in sich birgt:

Der Tester kann das Ergebnis leicht beeinflussen, indem er seine eigenen Haltungen oder Vorurteile, wie das Ergebnis ausfallen sollte, einfließen lässt. Es erfordert viel Praxis, immer in der neutralen Haltung zu bleiben, die die Voraussetzung für richtiges Testen ist.

Sowohl der Tester wie auch der Getestete können bezüglich des Prozesses psychologisch umgekehrt sein (Regulation zu, Switching). Das verfälscht das Ergebnis - es kann genau das Gegenteil von der Wahrheit sein.

Die Testperson kann das Ergebnis willentlich beeinflussen, indem sie ihre Gedanken auf etwas anderes lenkt, damit sie bestimmte Dinge nicht preisgeben muss.

Einige Testpersonen sind sehr schwierig zu testen, weil sie eine massive Psychologische Umkehr haben und/oder krank sind.

Stattdessen gehe ich immer vom "worst case" aus. Anstatt Fragen zu stellen, gebe ich dem Unbewussten Anweisungen, die davon ausgehen, dass noch etwas gelöst werden muss. Wenn es wirklich so ist, wird es gleich bearbeitet, und wenn nicht, schadet es nicht, aber ich bin immer auf der sicheren Seite. Außerdem bin ich mit der Durcharbeitung aller Anweisungen schneller als mit dem Muskeltest.

Zum Beispiel:

"Wenn vor der Lösung dieses Problems erst andere Punkte behandelt werden müssen, so behandle diese bitte jetzt." (WunderWort)

(Das entspricht der Aufforderung: Behandle alles, was den Arm hat schwach testen lassen.)

8.
WWT Behandlungsablauf

WWT besteht nur noch aus zwei Schritten. Sie sind alles, was Sie tun müssen, wenn Sie einmal Ihrem Unbewussten die Anweisung gegeben haben.

Das Wichtigste bei WWT ist die *gründliche Bearbeitung aller Aspekte*, die mit dem Thema zusammenhängen. Hier ist oft Detektivarbeit notwendig. Verschiedene hilfreiche Verfahrensweisen lernt man z. B in der 3-stufigen EFT-Ausbildung, die deshalb – wie NLP – auch eine sehr gute Ergänzung zur WWT ist. (Manchmal nutze ich intuitiv EFT trotz der scheinbar noch schnelleren und einfacheren WWT-Prozedur, weil die Berührung der Punkte und die damit verbundene zusätzliche körperliche Stimulierung und das Aussprechen des Einstimmungssatzes manchmal einen entscheidenden Effekt bringen.)

Viele Erlebnisse sind eine Mischung aus vielen Themen und/oder unterschiedlichen Problemen. Denken Sie immer an diese Tatsache und behandeln Sie alles, was Ihnen nur in den Sinn kommt. Lassen Sie kein einziges Problem unbearbeitet, das irgendwie mit Ihrer aktuellen Situation zusammenhängen könnte, denn es könnte ein Aufhänger für die Rückkehr des ganzen Themas sein.

Das Problem identifizieren

Nehmen Sie das *Problem bewusst wahr*. Sie müssen es nicht beschreiben, identifizieren oder benennen. Wenn Sie es in Worte fassen können, ist das hilfreich, aber nicht notwendig. Sie müssen nur wahrnehmen, dass Sie ein Problem haben, und es mit Ihrem WunderWort behandeln. Und vergessen Sie nicht: Behandeln Sie ALLES!

Optional: Hilfreiche Fragen, wenn Sie ein Problem intensiv bearbeiten wollen:

> Welche Emotion steckt hinter diesem Problem? Wenn Sie es nicht wissen, **raten** Sie einfach.

> Wo und wie spüre ich diese Emotion in meinem Körper (z. B. Druck im Oberbauch)?

> Woran erinnert mich diese Emotion?

> Welche Bilder tauchen in mir auf im Zusammenhang mit dieser Emotion?

> Welche einschränkenden Überzeugungen sind aus dieser Erinnerung entstanden?

Bearbeiten Sie jedes Bild und jede Überzeugung mit Ihrem WunderWort.

Wiederholen Sie diese Fragen für jede Emotion, die Sie mit dem Problem wahrnehmen.

Bearbeiten mit dem WunderWort

Behandeln Sie jeden Aspekt des Problems. Das heißt, denken, flüstern, sprechen, visualisieren oder schreiben Sie Ihr *WunderWort nach jedem wahrgenommenen Teilaspekt*, um den WWT-Prozess auszulösen. Ihr Unbewusstes tut dann sofort alles Nötige für Sie.

Optional: Wenn Sie das WunderWort einsetzen, können Sie dabei beide Handflächen auf Ihren Bauch legen und einmal tief in diesen hineinatmen und sich beim anschließenden Ausatmen vorstellen, wie Sie all das, was Sie loslassen wollen, ausatmen. *Achten Sie auch darauf, ob Sie das erbetene Signal vom Unbewussten, das Sie sich in der Anleitung von ihm gewünscht haben, erkennen. Wenn Sie dieses Signal (Symbol, Körpergefühl o. Ä.) wahrnehmen, lösen Sie einfach mit Ihrem WunderWort den WWT-Prozess aus. Das Unbewusste bearbeitet dann das Thema, das jetzt ansteht, ohne dass es Ihnen bewusst sein muss.*

Wenn Sie sich nicht sicher sind, ob Ihre Wahrnehmung das erbetene Signal ist, bitten Sie Ihr Unbewusstes, das Signal stärker zu machen, wenn es das richtige ist. Andernfalls soll es den Hinweis, den Sie noch nicht identifiziert haben, deutlicher zeigen.

Es kann auch sein, dass Sie das Signal nicht sofort registrieren. Achten Sie dann auf besondere Wahrnehmungen, während Sie Ihr WunderWort anwenden, und testen Sie diese mit der geschilderten Methode.

Der normale WWT-Behandlungsablauf wird durch das Signal nicht beeinflusst, deshalb können Sie mit Ihrem WunderWort auch ohne Einschränkung arbeiten, wenn Sie das Signal (noch) nicht wahrnehmen können.

Das war es schon! WWT ist erstaunlich einfach und trotzdem gründlich und effektiv. Behandeln Sie sorgfältig jeden Aspekt Ihres Themas, und Sie werden für die unterschiedlichsten Probleme wunderbare Ergebnisse erzielen.

Wenn Sie mit anderen Methoden der energetischen Psychologie Erfahrung haben, bei denen Akupunkturpunkte beklopft werden (TFT, EFT, PEAT), können Sie jetzt dieses Klopfen durch Ihr WunderWort ersetzen. Ihr Unbewusstes wird alles Nötige tun, auch ohne Klopfen oder Affirmationen. Während der WWT-Behandlung werden auch die Meridiane aktiviert, aber es ist das Unbewusste, das den Prozess und seine Effektivität steuert. Deshalb sind nicht die Meridiane an sich der Faktor, der unsere Probleme löst, sondern das Unbewusste.

Dabei ist es nicht nötig, an WWT zu glauben. Es funktioniert – so wie Sie auch die körperlichen

Auswirkungen spüren, wenn Sie in eine Steckdose greifen, auch wenn Sie nicht an Strom glauben.

9.
Anwendungsbeispiel

Liebeskummer
Die Frau meiner Träume hat meine Einladung zum Essen abgelehnt. Sie ist verheiratet.

> Ich bin so traurig, dass mein Traum, sie als Partnerin zu haben, unerreichbar geworden scheint. *WunderWort*

> Es lastet wie ein schwerer Stein auf meiner Brust. *WunderWort*

> Alle Situationen, an die mich dieser Stein auf meiner Brust erinnert. *Alle mit WunderWort behandeln.*

> Ich bin verzweifelt und glaube, ich kann keine andere Frau mehr so lieben. *WunderWort*

Erinnerung an alle ähnlichen Situationen, in denen ich eine Absage hinnehmen musste und die mich sehr getroffen haben. *Alle mit WunderWort behandeln.*

> Ich bin nicht begehrenswert. *WunderWort*

> Ich bin nicht gut genug. *WunderWort*

> Egal wie sehr ich mich bemühe, es reicht nie. *WunderWort*

> Ich mache mich mit meiner Liebe und meinen Gefühlen lächerlich. *WunderWort*

> Tiefe Traurigkeit. *WunderWort*

> Dieser Kloß im Hals. *WunderWort*

Alle Situationen, an die mich dieser Kloß im Hals erinnert. *Alle mit WunderWort behandeln.*

So lange, bis der Kloß im Hals, der Stein auf der Brust und die Traurigkeit nicht mehr da sind.

Eventuell: "Auch, wenn mir nicht bewusst ist, was genau noch behandelt werden muss, damit dieses Problem endgültig gelöst werden kann, bitte ich dich, liebes Unbewusstes, dass du all das behandelst." *WunderWort*

10.
Woher weiß ich, was ich behandeln muss?

WWT ist so einfach – Sie müssen nur wahrnehmen, dass Sie sich nicht in einem Zustand der Liebe, Freude, Freundlichkeit, Güte, Sanftheit, Geduld, Selbstkontrolle, des Friedens und Vertrauens befinden.

Das kann sich dadurch äußern, dass Sie eines der folgenden Signale wahrnehmen:

> *Unbehagen*   > *Angst*

> *Kränkung*   > *Wut*

> *Frustration*   > *Enttäuschung*

> *Schuld*   > *Minderwertigkeitsgefühle*

> *Überforderung*

> *Ohnmacht*

Das Schöne an WWT ist, dass Sie sich sofort damit helfen können, wenn Sie mitten im Problem stecken.

Sie nehmen diese Fakten einfach wahr und lösen mit Ihrem WunderWort den WWT-Prozess aus. Sogar die meisten körperlichen Beschwerden haben auch emotionale Ursachen und sprechen gut auf WWT an.

Dabei müssen Sie nicht einmal genau wissen, was das Problem ist, oder das Symptom genau beschreiben können. Es genügt, es in eigene Worte zu fassen oder zu versuchen, es zu verstehen. Prinzipiell reicht es, ein Problem wahrzunehmen und **einmalig** mit dem WunderWort den WWT-Prozess auszulösen. Falls Sie das Gefühl haben, das WunderWort für dasselbe Thema öfter nutzen zu wollen, können Sie das jederzeit tun mit dem Bewusstsein, dass Sie damit die Prozesse, die bereits laufen, noch zusätzlich unterstützen. Für jeden Aspekt genügt es zwar, einmal das WunderWort zu sagen, aber gerade wenn das Problem für Sie schwer greifbar ist, liegen meist viele Aspekte gleichzeitig vor, die durch das mehrmalige Aussprechen des

WunderWortes besser erfasst werden. Ihr Unbewusstes wird sich so um die aktuell vorhandenen Aspekte Ihrer Probleme kümmern. *Sie können also, wenn Sie mitten in Ihren Emotionen oder in unerwünschtem Verhalten stecken, Ihr WunderWort so oft wiederholen, bis Sie sich besser fühlen.*

Ihr Unbewusstes hat alle Erlebnisse, Gefühle und Gedanken, die Sie je wahrgenommen haben, aufgezeichnet. Es kennt die genaue Entstehung Ihrer aktuellen Situation. Deshalb weiß es auch am besten, wie eine erfolgreiche Behandlung ablaufen muss und wird Sie durch die WWT-Anleitung optimal unterstützen – und zwar immer.

II.
Wie viele Probleme
kann ich behandeln?

Sie können so viele Probleme und Themen behandeln, wie Sie möchten, und es gibt keinerlei zeitliche Begrenzungen. Das bedeutet, dass Sie auch sofort hintereinander und ohne Pause verschiedene Themen bearbeiten können, solange Sie Lust haben.

Greifen Sie immer das auf, was Sie im Moment am deutlichsten wahrnehmen, denn Ihr Unbewusstes leitet Sie auf diese Weise optimal durch Ihren Heilungsprozess. Dabei muss das ursprüngliche Thema nicht erst komplett gelöst sein, bevor man sich einem anderen Aspekt zuwendet. Gegebenenfalls kann dieses später noch weiterbearbeitet werden. Deshalb ist es hilfreich, die einzelnen Themen, die man bearbeitet, aufzuschreiben, so dass man nach Abschluss des letzten Problems die Liste noch einmal durchgehen kann, um zu überprüfen, ob jetzt alle Punkte vollständig gelöst sind.

So können Sie in Ihrem eigenen Tempo mit Hilfe von WWT selbstständig und effektiv psychotherapeutische Arbeit leisten, wobei ich auch hier wieder betone, wie wichtig es ist, sich selbst nicht zu überfordern und bei Bedarf die Hilfe eines kompetenten Therapeuten oder Coaches in Anspruch zu nehmen. Hier ist es hilfreich zu wissen, dass WWT auch sehr gut telefonisch angewandt werden kann.

12.
Wenn ein Problem
wieder zurückkommt

Es kommt auch ab und zu vor, dass ein Problem wieder zurückkommt. Natürlich können Sie das Problem erneut und genauso einfach wieder auflösen. Es ist aber ein Hinweis, dass Sie noch nicht alle Aspekte herausgefunden und bearbeitet haben.

Hier ist weitere Detektivarbeit nötig, und falls Sie selbst nicht weiterkommen, holen Sie sich die Hilfe eines erfahrenen Therapeuten oder Coaches.

Hilfreich kann folgender Satz sein:

"Auch wenn mir nicht bewusst ist, was genau noch behandelt werden muss, damit dieses Problem endgültig gelöst werden kann, bitte ich dich, liebes Unbewusstes, dass du all das behandelst." *Wunder-Wort*

13.
Vielschichtige Probleme

Natürlich belasten Sie auch manchmal Themen, denen vielschichtige Probleme, die gleichzeitig auftauchen können, zugrunde liegen. Hier müssen Sie Schritt für Schritt ein Problem nach dem anderen bearbeiten, um wieder in einen Zustand der Balance, Ruhe und Harmonie zu kommen. Nehmen Sie alles wahr und behandeln Sie jeweils das Thema, das im Vordergrund steht. Dabei ist es nicht nötig, das ursprüngliche Thema erst komplett gelöst zu haben. Wenn möglich, notieren Sie sich die einzelnen Emotionen und Gedanken, die Sie nacheinander mit Ihrem WunderWort behandeln. So können Sie am Schluss alle Punkte noch einmal überprüfen und gegebenenfalls nachbehandeln, falls sie noch nicht komplett neutralisiert sind. Lassen Sie Ihren Gedanken und Gefühlen freien Lauf und behandeln Sie alles, bis Sie sich wirklich gut fühlen.

Zum Beispiel:

Ich bin auf den Kollegen wütend, der wiederholt unpünktlich ist. *WunderWort*

Erinnerungen an frühere Situationen, in denen ich mich genauso "versetzt" gefühlt habe. *Alle mit WunderWort behandeln*

> Ich fühle mich nicht wichtig. *WunderWort*

> Mit mir kann man das machen. *WunderWort*

> Wertlosigkeit. *WunderWort*

> Ich bin nicht gut genug. *WunderWort*

> Traurigkeit. *WunderWort*

> Ich muss mich schützen. *WunderWort*

> Ich kann mich schützen. *WunderWort*

> Ich kann mich gegen so eine Behandlung wehren. *WunderWort*

Mut, dem Kollegen zu sagen, dass ich das ab sofort nicht mehr hinnehmen werde. *WunderWort*

Sicherheit, dass ich selbst für mich sorgen kann. *WunderWort*

Dann zurückgehen und prüfen, ob einer der Punkte noch nicht komplett gelöst ist, und gegebenenfalls erneut mit dem *WunderWort behandeln.*

14.
Das Unbewusste –
unserer innerer Heiler

Haben Sie keine Angst, etwas falsch zu machen. Vertrauen Sie Ihrem Unbewussten, dass es zur richtigen Zeit das richtige Thema hochbringt. Das heißt, es macht uns durch Emotionen, Gedanken oder körperliche Empfindungen das bewusst, was im Moment hilfreich und wichtig zu bearbeiten ist. Wenn Sie Ihre Schmerzen und negativen Gefühle aus diesem Blickwinkel betrachten und erkennen, dass sie ein Hinweis dafür sind, dass hier wieder ein ungelöster seelischer Konflikt bereit ist, aufgearbeitet zu werden, werden Sie Ihren Körper und Ihre Lebensumstände nicht mehr länger als Ihren Feind und sich als Opfer betrachten.

Das Unbewusste schützt uns auch davor, dass zu viele Erinnerungen zugleich auf uns einstürmen, die wir nicht verkraften könnten. Deshalb braucht auch die WWT-Arbeit – obwohl sie so schnell funktioniert – ihre Zeit, denn wenn uns innerhalb einer Woche alle Dramen unseres Lebens bewusstwürden, wäre das so ähnlich, als ob wir mit 120 km/h gegen eine Mauer fahren würden. Unser Unbewusstes ist sehr verantwortungsvoll und mutet uns nicht mehr zu, als wir auch verarbeiten können.

Denken Sie an diese Tatsache, wenn Sie manchmal ungeduldig sind, und wenden Sie auch für die Ungeduld Ihr WunderWort an. Auch die Bachblüte Impatiens kann hier unterstützend wirken.

15.
Wie erreiche ich meine Ziele mit WWT?

Aussortieren der inneren Stimmen

Nehmen Sie sich einen Moment Zeit, die folgenden Fragen schriftlich (am besten in Ihrem persönlichen Erfolgsjournal, einem schönen, evtl. verschließbaren Tagebuch) zu beantworten. Sie werden Ihnen helfen, viele Stimmen in Ihrem Kopf zu klären, so dass Sie und Ihre Träume sich unbelastet entwickeln können.

> Ich würde meinen Traum in die Tat umsetzen, wenn mein Vater nicht ...

> Wenn ich an meinen Traum denke, denke ich auch daran, dass meine Mutter ...

> Jeder sagt mir ständig, dass ...

> Ich verfolge meine Träume nicht, weil ...

> Die Wahrheit über meine Träume ist, dass ...

> Wenn ich wüsste, dass ich auf jeden Fall erfolgreich bin, würde ich ...

Machen Sie sich jetzt eine Liste all der Menschen, von denen Sie wirklich in Ihrer persönlichen, einzigartigen Art geschätzt werden.

Das ist die neue Liste von Stimmen, auf die Sie ab sofort hören werden. Denken Sie daran, diese Stimmen in Zeiten der Herausforderung um Rat zu bitten – und dann beachten Sie natürlich auch diese Hinweise!

Entwickeln Sie ein detailliertes Zielbild

Umwelt:

> Wo sind Sie hier?

> Mit wem sind Sie hier?

> Was sehen, hören, fühlen, riechen und schmecken Sie hier?

Verhalten:
› Was genau tun Sie hier?

Fähigkeiten:
› Wie tun Sie, was Sie tun?
› Welche Fähigkeiten haben Sie?

Glaube und Werte:
› An was glauben Sie?
› Was ist Ihnen wichtig?
› Warum tun Sie, was Sie tun?
› Was motiviert Sie?

Identität:
› Wer sind Sie?
› Wie verstehen Sie sich selbst?
› Wie würden Sie sich beschreiben?
› Wie würden andere Sie beschreiben?

Zugehörigkeit:
› Wo gehören Sie dazu
  (beruflich, privat, spirituell)?

> Zu welchen Menschen, Ideen fühlen Sie sich zugehörig?

Mission/Spiritualität:
> Welche Aufgabe oder Mission haben Sie?

Tun Sie so, als ob Sie jetzt Ihr Ziel schon erreicht haben. Achten Sie auf Widerstände, die Sie bei dieser Vorstellung bei sich wahrnehmen (ja, aber ...), und behandeln Sie jeden einzelnen so lange mit Ihrem WunderWort, bis Sie zu 100 Prozent kongruent in diese Zielvorstellung einsteigen können und Sie sich wie magisch von diesem Ziel angezogen fühlen.

Träumen Sie immer wieder von diesem Zielzustand, und füttern Sie dadurch Ihr Unbewusstes mit Informationen, wie sich Ihr Ziel anfühlt, wie Sie denken, welche Fähigkeiten Sie haben usw., denn unser Unbewusstes kann nicht unterscheiden, ob eine Sinneswahrnehmung real oder nur imaginiert ist. So nutzen Sie die eingangs erwähnte Tatsache, dass das, was wir ständig denken, zu unserer Realität wird. Ihr Unbewusstes wird erkennen, dass dies wichtig für Sie ist, und es wird Ihnen helfen,

Möglichkeiten wahrzunehmen und zu nutzen, um dieses Ziel auf eine Art zu erreichen, auf die Sie vielleicht mit rein rationalen Überlegungen nie gekommen wären.

Dabei geben Sie sich selbst nur die grobe Richtung vor, wobei das Gefühl, das Ihnen die Zielerreichung vermittelt, der entscheidende Faktor ist. Es ist ganz normal, dass sich viele Ziele im Laufe der Zeit verändern, da ja auch Sie und Ihre Umstände sich verändern. Aber genau diese Ausrichtung ist wichtig, damit das Bewusste, das ja nur einen winzigen Bruchteil der Informationen des Unbewussten durchlässt, seine Wahrnehmungsfilter so einstellt, dass Ihnen alles auffällt, was Sie Ihrem Ziel näherbringt, so wie Sie z. B. plötzlich viele silberne Audis R8 wahrnehmen, wenn Sie sich entschieden haben, dieses Auto zu kaufen, auch wenn eine Woche vorher genauso viele auf den Straßen unterwegs waren. Oder Sie haben das Gefühl, dass es im Moment viel mehr Schwangere gibt, weil Sie selbst ein Baby bekommen.

WWT im Business – und Sportbereich (nach Gary Craig)

Mit WWT können Sie gute Leistungen im Business oder Sport noch weiter verbessern, zum Beispiel:

"Auch wenn ich schon sehr schnell laufen kann, entscheide ich mich, die Strecke in x Sekunden zu schaffen." *WunderWort*

Gerade Spitzensportler und Topmanager wissen, dass sie in ihrem Erfolg meist durch mentale oder emotionale Blockaden begrenzt werden.

Am Beispiel von Golf beschreibe ich, wie man WWT in diesen Bereichen anwendet. Die Prinzipien können genauso auf alle Arten von Spitzenleistungen übertragen werden, wie Musik, Wissenschaften, Schreibkunst, Schauspielerei, Rhetorik, Verkaufen, Business und vieles mehr.

Jeder Sportler, selbst wenn er noch so gut ist, weiß, dass er noch besser sein könnte. Außerdem stimmen alle zu, dass die größte Barriere zu noch besseren Leistungen in ihrem mentalen Zustand liegt. Die Körper sind durchtrainiert und ihre

Techniken ausgereift. Deswegen kann der Unterschied zwischen einem hervorragenden Tag und einem mittelmäßigen bis schlechten nicht in ihrer körperlichen Verfassung liegen. Er liegt in ihrem Unbewussten – und hier setzt WWT an.

So wissen geübte Golfer, wie sie jeden Schlag perfekt durchführen. Ihre Körper haben das viele Male geübt. Sie haben perfekte Schläge, putten perfekt usw. – trotzdem gelingt ihnen kein perfekter Durchgang und sie erreichen dadurch nicht das Handicap, das eigentlich möglich wäre. Sie spielen eine Runde Golf und schlagen eine Mischung aus "perfekten" und "nicht so perfekten" Bällen und bleiben fast immer unverändert mit ihrem Endergebnis in ihrer Komfortzone.

Diese Komfortzone ist ein wichtiges Konzept bei allen angestrebten Spitzenleistungen. Sie ist das mentale Gebiet, wo sich ein Leistungsträger unbewusst einordnet, weil er glaubt, dorthin zu gehören. Das ist die Ursache, die Leistungen auf einem bestimmten Niveau hält, und wenn man sie nicht richtig bearbeitet, wird eine dauerhafte Leistungsverbesserung für einen Sportler, Manager, Musiker, Schauspieler usw. eher unwahrscheinlich sein.

So wie ein Thermostat die Raumtemperatur innerhalb eines gewissen angenehmen Bereichs hält, bewegt sich unsere Leistung innerhalb einer gewissen Komfortzone. Wenn man z. B. einen Golfer fragt, wie gut er spielt, wird er so etwas Ähnliches sagen wie: "Ich bin im 80er-Bereich" oder "im oberen 70er-Bereich". Das ist seine Komfortzone. Da gehört er seiner Meinung nach hin – auch wenn er sagt, dass er eigentlich viel besser sein könnte.

Interessanterweise genügt es nicht, einen bestimmten Teil des Golfspiels (z. B. das Putten) zu verbessern, um die Gesamtleistung zu verbessern. Das liegt daran, dass sich die anderen Komponenten des Spiels so verändern werden, dass sie es dem Golfer erlauben, in seiner Komfortzone zu bleiben. Auch wenn er einen guten oder schlechten Tag hat und nicht in diesem Bereich liegt, wird er in weiteren Runden wieder so spielen, dass er wieder in seine Komfortzone kommt, wo er seiner Meinung nach hingehört.

Um eine Spitzenleistung grundlegend zu verbessern, müssen zwei Ebenen angesprochen werden:

Man muss die Komfortzone in einen höheren Bereich verschieben und man muss die spezifischen Schwachstellen, die verbesserungsbedürftig sind, behandeln.

Um die Komfortzone wirklich gründlich zu verändern, kann es außerdem wichtig sein, nach speziellen Erinnerungen zu suchen, die den Klienten von optimalen Leistungen abhalten.

Manchmal reagiert man mit einschränkenden Gefühlen auf einen bestimmten Wettbewerber, ein bestimmtes Publikum, bestimmtes Forschungsthema, einen bestimmten Golfplatz usw. Die aufkeimenden Selbstzweifel beeinträchtigen die Leistung.

Außerdem konzentrieren sich manche Menschen nur auf das, was sie sehr gut machen, und blenden alles andere aus. Wenn sie es schaffen, diese anderen Komponenten auch noch zu optimieren, wird sich ihre Gesamtleistung messbar verbessern.

Leistungen sind Spiegel für all die Themen, die wir mit uns herumtragen. Mit WWT können Sie spezifische Ereignisse aus der Vergangenheit, welche

Ihren Blockaden zugrunde liegen, bearbeiten und diese unnötigen Beschränkungen aufbrechen.

Das Ergebnis ist ein neues Niveau emotionaler Freiheit, das sich zum Beispiel durch bessere Schläge, bessere Noten, bessere Vorstellungen, bessere Verkaufszahlen und glücklichere Menschen manifestiert.

16.
Stellvertreter-WWT

Sie können Ihr WunderWort auch anderen Le-
bewesen (z. B. Kindern, Tieren) "leihen", indem Sie
sich vorstellen, dass Sie diese Person sind und stell-
vertretend für diese die WWT-Behandlung durchlaufen.

Dabei benutzen Sie Ihren eigenen Körper als
"Stellvertreter" für die zu behandelnde Person (oder
das Tier), weil diese z. B. zurzeit nicht anwesend oder
für eine direkte Behandlung nicht zugänglich ist.

Wichtig ist dabei, dass die Absicht stimmig ist,
z. B. dass die Mutter eine liebevolle Haltung gegenüber ihrem Kind hat und von einer entsprechenden
Stimmung getragen ist. Deshalb ist es unbedingt
nötig, bei Bedarf erst sich selbst zu behandeln, um
in eine ruhige und gelöste Verfassung zu kommen.
Wenn wir die Stellvertreter-WWT anwenden, bieten
wir der betreffenden Person (oder dem Tier) eine

Lösung für eine Schwierigkeit, in der sie sich befindet. Natürlich können wir ihr diese Lösung nicht aufzwingen, und so ist es möglich, dass die Person eine Verbesserung ihres Zustandes ablehnt - aus welchen Gründen auch immer - und das passiert auch manchmal. Dies geschieht nicht bewusst, und trotzdem bleibt der Empfänger selbst die entscheidende Instanz bei diesem Prozess. Deshalb müssen wir meiner Meinung nach auch nicht erst um Erlaubnis fragen, bevor wir mit Stellvertreter-WWT beginnen. Es ist so, als ob man um Erlaubnis bittet, bevor man jemandem ein Geschenk macht. Der Empfänger hat letztendlich das Heft in der Hand, indem er einfach entscheiden kann, ob er das Geschenk annimmt oder ablehnt.

Der Prozess der Stellvertreter-WWT baut eine unsichtbare Verbindung zwischen dem Behandler und dem Empfänger auf. Man kann sich besser in den anderen einfühlen und hat ein gewisses Gefühl der Einheit.

Warum das funktionieren kann (und es funktioniert erstaunlich oft) wird noch wissenschaftlich erforscht, z. B. von Dr. William Tiller ("Conscious Acts of Creation") und Dr. Gary Schwartz ("The

Living Energy Universe"). Dabei stellte sich auch heraus, dass die emotionale Verfassung des Senders viel wichtiger ist als die verwendeten Worte.

Wenn im obigen Beispiel die Mutter genervt ist und einfach nur ihre Ruhe haben will, wird sie nicht viel erreichen. Sie muss erst einmal ihre eigenen Emotionen mit WWT neutralisieren.

Wenn Sie dann voller Liebe und Mitgefühl für ihr Kind ist und ihm wirklich helfen will, sind die Voraussetzungen für eine erfolgreiche Stellvertreterarbeit erfüllt.

Stellvertreter-WWT ist eine Art Kommunikation zwischen zwei Menschen, und die wichtigste Botschaft sind unsere Gefühle, nicht unsere Worte.

Wir können ein und dasselbe Gefühl in verschiedene Worte kleiden.

Auch Babys und Tiere werden auf das Gefühl und die Absicht der Stellvertreter-WWT reagieren (wobei die Worte zweitrangig sind) – und das auch, wenn sie meilenweit entfernt sind.

Erlauben Sie sich also, Ihre Absicht in die Worte zu fassen, die für Sie passen. Das werden auch automatisch die effektivsten sein.

Wir können aber nicht die Verantwortung für andere übernehmen. Jeder Mensch hat das Recht, sein Leben nach seinen eigenen Vorstellungen zu leben. Ob es jetzt passend oder unpassend, richtig oder falsch, hilfreich oder einschränkend ist – er muss selbst die Entscheidungen treffen, um sein Leben in seinem Sinn zu verändern (wenn er es überhaupt ändern will).

Es besteht durchaus die Gefahr, dass man WWT falsch einsetzt. Wenn jemand WWT nicht für sich nutzen will, kann WWT auch keine Wunder vollbringen. Die Behandlung muss in seinem Sinn erfolgen, auch wenn man meint, als neutraler Beobachter mit den besten Absichten klar zu erkennen, dass etwas anderes für ihn viel besser wäre.

Auch wenn man die Stellvertreter-WWT für kleine Kinder oder Tiere nutzt, muss man darauf achten, dass sie deren Recht auf Selbstbestimmung respektiert. Wenn man diese Technik dazu verwenden will, um den physischen oder emotionalen Zustand eines anderen zu kontrollieren (auch wenn wir glauben, es sei zu seinem Besten), baut sich im Normalfall ein starker Widerstand auf.

Es kommt auch vor, dass jemand, der mit WWT sehr gute Erfahrungen gemacht hat, jemand anderen dazu bewegen will, diese wunderbare Technik auch anzuwenden, weil ER möchte, dass sich diese Person in einer bestimmten Weise verändert.

Diese Versuche sind natürlich zum Scheitern verurteilt, denn wenn jemand in tiefen emotionalen Verstrickungen gefangen ist, will er nicht hören: "Mache WWT, das wird dir helfen!" Er will, dass seine Gefühle gewürdigt und beachtet werden, statt einfach von ihnen befreit zu werden. Es ist schon schwer genug, sich selbst in einer Krisensituation wieder zu beruhigen, aber wenn einem das auch noch von jemand anderem gesagt wird, wird WWT zu etwas, was es nicht sein soll – eine erzwungene Handlung.

Wenn uns etwas an einem anderen stört, können wir WWT sehr effektiv nutzen, aber nicht für den anderen. Nutzen Sie es, damit Sie selbst mit der Situation besser umgehen können.

Zum Beispiel:

"Auch wenn ... mir nicht zuhören wird, entscheide ich mich, mich ruhig und voll Vertrauen zu fühlen und ... seine Freiheit zuzugestehen." *WunderWort*

"Auch wenn ... sich gegen eine Verbesserung sträubt, entscheide ich mich, ... seinen eigenen Weg gehen zu lassen." *WunderWort*

"Auch wenn ich sicher bin, dass WWT ... helfen würde, erkenne ich, dass WWT nur effektiv sein kann, wenn ... es auch wirklich will." *WunderWort*
"Auch wenn ich unbedingt möchte, dass .... sich ändert, entscheide ich mich, ... so anzunehmen, wie er ist, und auch meinen eigenen Weg zu wählen." *WunderWort*

Achten Sie darauf, dass Sie sich vorher energetisch schützen, z. B. mit der **Akupunkturpunkt-Schutztechnik** nach Dr. Susan Lee-Smith.

Sie dient dazu, Ihre eigene Energie zu versiegeln, so dass sie Ihnen nicht ohne Ihre Zustimmung entzogen werden kann, Sie vor negativen Umwelteinflüssen zu schützen und um zu vermeiden, dass Sie die emotionalen oder körperlichen Probleme von anderen übernehmen.

Dabei aktivieren Sie die relevanten Akupunkturpunkte mit der Absicht, Ihre eigene Energie zu schützen.

> Legen Sie Ihre Zungenspitze hinter die obere Zahnreihe.

> Legen Sie die Daumennägel an die innere Basis des jeweiligen Ringfingers.

> Spannen Sie die Beckenbodenmuskulatur an.

> Berühren Sie mit den äußeren Fußkanten den Boden.

> Bewegen Sie die ausgestreckten Hände seitlich langsam bis über Ihren Kopf. Visualisieren Sie, dass Sie eine schillernde Blase um sich ziehen, die Ihren Körper umhüllt.

> Strecken Sie sich durch die Blase und ziehen Sie an einer imaginierten Kette, die eine Neonlampe über Ihrem Kopf mit Plus- oder Minuszeichen (je nach Ihrem Zustand) ausschaltet. Dadurch sind Sie für "Energievampire" nicht mehr als "Zapfquelle" zu erkennen.

> Bringen Sie Ihre Hände zurück in Gebetsposition und entspannen Sie sich.

Kurzversion:

1. Legen Sie Ihre Zungenspitze hinter die obere Zahnreihe.

2. Spannen Sie die Beckenbodenmuskulatur an.

3. Lächeln Sie.

Nach der Stellvertreter-Behandlung müssen Sie darauf achten, dass Sie sich wieder sauber energetisch von der behandelten Person trennen.

Das können Sie zum Beispiel, indem Sie an einen anderen Ort gehen, sich ausschütteln und bewusst wieder zu 100 Prozent Sie selbst sind.

17.
WWT und Spiritualität

WWT kann auch eine wertvolle Unterstützung in der spirituellen Entwicklung sein.

Wenn in der Meditation störende Gedanken auftauchen, dann können diese einfach mit dem WunderWort bearbeitet und dann in dem Wissen, dass sie dadurch gleichzeitig optimal bearbeitet wurden, losgelassen werden.

Auch die Schattenthemen, die sich auf dem spirituellen Weg zwangsläufig zeigen, können mit Hilfe von WWT viel leichter angenommen werden, weil wir nicht mehr so viel Angst vor der "dunklen Nacht der Seele" haben müssen, wenn wir mit WWT über ein effizientes Werkzeug verfügen, das uns durch diese Krisen viel schneller und leichter hindurchgehen und uns einen Zugang zu unserem wahren Selbst finden lässt.

18.
Fallbeispiele

Hier schildere ich Ihnen einige Fälle aus meiner Praxis (mit inhaltlichen Veränderungen zum Schutz der Privatsphäre der Klienten). Sie bekommen dadurch eine Vorstellung, wie die Kunst der Anwendung von WWT aussehen kann, und Anregungen, wie Sie Ihre eigenen Themen bearbeiten können. Setzen Sie sich aber nicht unnötig unter Druck - auch mit der ganz einfachen Grundtechnik, die in diesem Buch beschrieben ist, erreichen Sie erstaunliche Ergebnisse. Mit der Zeit werden Sie selbst immer kreativer in der Anwendung dieser Technik werden und Ihr persönliches Wissen aus anderen Methoden (NLP, EFT, ...) einfließen lassen, was die Erfolge noch weiter verbessern wird.

Führerscheinprüfung

Ein 18-jähriger Lehrling, der bei seiner ersten Führerscheinprüfung durchgefallen war, kam zu mir in die Praxis. Er hatte das Gefühl, der Prüfer habe eine Aversion gegen ihn und ihm deswegen den Führerschein wegen einiger Kleinigkeiten nicht gegeben. Seiner Meinung nach waren seine Fahrleistungen in Ordnung, und er fühlte sich der Willkür des Prüfers ausgeliefert. Er hatte überhaupt keine Lust mehr, zum zweiten Termin 14 Tage später wieder anzutreten, war voller Hass auf den Prüfer und wollte am liebsten alles hinschmeißen.

Doch er wusste, dass er den Führerschein brauchte.

Nach der Installation des WunderWortes ("Jetzt erst recht!") sind wir die ganze Geschichte der ersten Prüfung durchgegangen, und er hat nach jedem Satz sein WunderWort eingesetzt.

Zusätzlich wurden folgende Aspekte mit dem WunderWort behandelt:

> Dieser Hass auf den Prüfer

> Diese Wut auf den Prüfer

> Diese Wut auf mich

> Dieser Druck im Solarplexus (dort nahm er die Wut körperlich wahr)

> Jeder Idiot besteht den Schein, nur ich nicht.

> Traurigkeit

> Ich habe meine Erwartungen nicht erfüllt.

> Ich habe versagt.

> Ich bin nicht gut genug.

> Diese Angst, dass ich es das nächste Mal auch wieder nicht schaffe.

> Egal, wie gut ich fahre, ich kann nie sicher sein, dass ich bestehe.

> Dieser Hass auf Autoritätspersonen.

> So geht niemand mehr mit mir um!

> Alle Situationen, in denen ich mich schon so ungerecht behandelt gefühlt habe.

> Alle Überzeugungen, die ich in diesen Situationen gefasst habe.

> Ich sehe den Prüfer als meinen Feind.

> Die Aufgabe des Prüfers ist es, für die Sicherheit von mir und den anderen Verkehrsteilnehmern zu sorgen.

> Der Prüfer will mir nicht schaden.

> Mangelndes Selbstvertrauen

> Ich fahre konzentriert und ruhig und zeige eine optimale Leistung.

> Auch wenn ich nie sicher sein kann, die Prüfung zu bestehen, vertraue ich darauf, dass ich das nächste Mal den Prüfer durch meine Leistung überzeuge.

Im Laufe der Arbeit verschwand die Wut immer mehr, und die Zuversicht, das nächste Mal zu bestehen, wuchs.

Er fiel jedoch das zweite Mal noch einmal durch, aber er konnte diese Niederlage gelassener aufnehmen und erkennen, dass es wirklich noch Bereiche seiner Fahrfähigkeiten gab, die er verbessern musste, und es war keine Frage, dass er auch zum dritten Anlauf antrat, den er dann locker schaffte.

Tod des Vaters

Eine 35-jährige Unternehmerin, deren Vater einen Herzinfarkt hatte, als sie fünf Jahre alt war, und der ein halbes Jahr später starb, litt seit dieser Zeit unter dem Schuldgefühl, dass sie an dem Tag des Infarkts, als ihr Vater im Bett lag, nur spielen wollte und ausgelassen war (was sowieso nicht oft der Fall war), da sie nicht verstand, was mit ihrem Vater los war. Auch die anderen Personen schätzten die Lage nicht richtig ein, und deshalb wurde er erst nach zwei Tagen ins Krankenhaus eingeliefert.

Nach der Installation des WunderWortes ("Papa") sind wir die Erinnerungen an diesen Tag und die darauffolgende Zeit durchgegangen und sie hat nach jedem Satz ihr WunderWort eingesetzt.

Zusätzlich wurden folgende Sätze mit dem WunderWort behandelt:

> › Das Schuldgefühl, dass ich mich so unpassend benommen habe.

› Ich hätte merken müssen, wie schlecht es meinem Papa geht.

› Dieses Schuldgefühl, dass ich nicht dafür gesorgt habe, dass er schneller ins Krankenhaus kommt.

› Nicht einmal die Erwachsenen haben die Lage richtig eingeschätzt, wie sollte ich das als 5-Jährige können?

› Ich darf nicht fröhlich und ausgelassen sein, sonst passiert etwas Schreckliches.

› Diese Traurigkeit, dass ich ihm nicht helfen konnte.

› Diese Traurigkeit, dass ich Papa so früh verloren habe.

› Diese Traurigkeit, die ich seitdem nie mehr losgeworden bin.

› Dieser Druck im Brustbereich. (Hier fühlte sie die Traurigkeit.)

› Ich fühle mich so verlassen.

› Ich erkenne, dass es ein großes Geschenk war, einen so lieben Mann wie ihn als Vater zu haben.

> Viele Menschen wären froh, wenn sie einen anderen Vater gehabt hätten.

> Ich bin dankbar für die wunderschöne Zeit mit ihm.

> Ich erkenne, dass ein besonderes Band uns immer noch miteinander verbindet, deshalb sind meine Erinnerungen an ihn auch noch so stark.

> Ich lasse die Traurigkeit los und mache Platz für die schönen Erinnerungen an ihn.

> Ich öffne mich für Freude und Dankbarkeit, wenn ich an ihn denke.

> Ich weiß, dass er sich wünschen würde, dass es mir wirklich gut geht.

Danach hatte sie den Eindruck, als sei eine schwere Last von ihr genommen, und aus dem Gefühl des Verlassenseins und der Schuld wurde Dankbarkeit. Einen Monat später berichtete sie, dass das Ekzem, das sie seit vielen Jahren mehr oder weniger stark am rechten Unterarm hatte, verschwunden war (und es auch blieb).

Allergie gegen Milcheiweiß

Ein 41-jähriger Controller kam wegen seiner Milchallergie zu mir. Außerdem waren bei ihm noch 38 andere Allergene (z. B. Hefe, Sellerie, Paprika) positiv getestet worden.

Aber die Reaktion auf Milcheiweiß oder Laktose war am schlimmsten, und er fühle sich dann schlecht und aufgebläht. Bisher hatte er diese Stoffe vermieden (bei einer Ernährungsberatung wurde ihm gesagt, dass er damit für den Rest seines Lebens leben müsste), damit er sich besser fühlte, aber er wollte endlich mal wieder frei von Restriktionen essen, worauf er Appetit hatte, und auch mal wieder einen Cappuccino mit Sahne genießen.

Wir behandelten mit dem WunderWort:

› Laktose

› Milcheiweiß

› Milchprodukte

› Aufgebläht sein

› Angst vor allergischem Schock

> Ich kann so viel nicht essen, weil Laktose als Bindemittel in so vielen Lebensmitteln ist.

> Meine Lebensqualität ist eingeschränkt.

Ich fragte nach der ersten allergischen Reaktion auf Milch.

> Als ganz kleines Kind Schorf im Gesicht.

> Ich bin acht bis zehn Monate alt und niemand kümmert sich um mich.

> Es juckt so.

> Ich bin mir selbst überlassen, alleine, verlassen und überflüssig.

> Ich wundere mich, warum ich überhaupt da bin.

> Ich fühle mich hässlich und aussätzig.

Ich fragte nach weiteren körperlichen und emotionalen Reaktionen oder Bildern, die auftauchten.

> Urlaub auf dem Bauernhof, ich bin vier Jahre alt.

> Obwohl ich Milchhaut hasse, zwingt mich mein Stiefvater, Milch mit Haut zu trinken.

> Ich musste mich übergeben.

> Dieser Zwang.

> Diese Ausweglosigkeit.

> Erinnerung an einen Kollegen, dem er sich auch hilflos ausgeliefert fühlt.

> Berufliche Ausweglosigkeit.

> Der Horror mit diesem Kollegen sitzt mir in allen Knochen.

Ich fragte, was die Allergie Positives für ihn bringt.

> Die Allergie war der Auslöser für Veränderung.

> Ich lebe gesünder und koche vollwertiger für mich.

> Ich werde mich nie mehr so einseitig ernähren wie früher.

> Ich erkenne, dass die Allergie zurückgeht, wenn meine Ernährungsgewohnheiten gefestigt sind.

> Immer wieder Heißhungerattacken.

> Angst, zu dick zu werden.

> Es fällt so schwer, sich konsequent gesund zu ernähren.

> Ich beginne zu erkennen, dass ich die Allergie loslassen kann, wenn ich auch ohne sie für meine gesunde Ernährung sorgen kann.

> Ich öffne mich für die Möglichkeit, dass mir gesunde Ernährung schmeckt und Spaß macht.

> Diese Angst, dass ich es nicht durchhalte.

> Ich erlaube mir, die Allergie noch so lange zu behalten, wie ich sie brauche.

> Ich kann ein Gefühl für die richtigen Mengen und richtigen Nahrungsmittel entwickeln, ohne Kalorien zu zählen.

Drei Wochen später hatte er immer noch Fressanfälle und war sehr unzufrieden mit sich. Ich sagte ihm, dass er auch während dieser Fressanfälle dauernd sein WunderWort einsetzen soll, denn hier sind ja alle Aspekte gegenwärtig.

Ab diesem Zeitpunkt wurden die Heißhungerattacken weniger und er probierte auch mal kleine

Mengen Milch (Cappuccino mit Sahne), ohne dass er unangenehme Nebenwirkungen hatte. Als er einmal wieder seinen Blähbauch (von Hefe) hatte, schaffte er es mit seinem WunderWort innerhalb einer Viertelstunde, sich wieder wohlzufühlen (sonst hatte das mindestens 1,5 Tage gedauert!).

Er hat seine Milchmengen langsam gesteigert und kann jetzt auch Lebensmittel mit Laktose und Milcheiweiß essen und genießen. Da er jetzt weiß, dass er eventuell auftretende Nebenwirkungen selbst schnell in den Griff bekommen kann, ist auch keine Angst vor einem allergischen Schock mehr da. Er nutzt sein WunderWort für alles Mögliche, und nach einem Jahr erhielt ich folgende E-Mail von ihm:

"(...) Damit ist nun mein zweiter großer Wunsch in diesem Jahr in Erfüllung gegangen: die passende Wohnung. Der erste war die Sache mit dem Flugschein. Auch mit meinem Gewicht und meiner Fitness bin ich wieder zufrieden. Was nun noch fehlt, ist eine Erhöhung des Einkommens und eine Frau ... (klingt ja gar nicht anspruchsvoll, oder?).

Jedenfalls bin ich sehr dankbar für alles, was bisher war, und es gibt auch ungeheure Energie. Ich

glaube, das ist wie ein Wunder, und ich freue mich
riesig, dass ich mir meine Träume erfüllen konnte.
Ich muss oft daran denken, als Sie letzten November
zu mir gesagt haben: 'Passen Sie mal auf, wo Sie in
einem Jahr stehen ...' "

Schwindel

Ein 38-jähriger Geschäftsführer hatte seit 22
Jahren Schwindel, den er als Schwankschwindel beschrieb, außerdem war sein Blutdruck zu hoch. Er
glaubte, dass der Schwindel, der besonders schlimm
war, wenn er eine Drehbewegung machte oder
ruhig stehen musste, von einem Treppensturz, der
vor 22 Jahren passierte, stammte. Wir behandelten
folgende Aspekte mit seinem WunderWort:

> Es ist im Kopf wie Schwanken, auch wenn man
  es von außen nicht sieht.

> Ich muss mich festhalten.

> Es ist ständig da, auch daheim.

> Dieser Schwankschwindel und alles, was damit zusammenhängt.

> Dieser Schwankschwindel und alles, woran er mich erinnert.

> Ich bin vor 22 Jahren die Kellertreppe hinuntergefallen.

> Daher sind Wirbel beschädigt (C4 und C5).

> All die Erinnerungen, die in meinen Wirbeln stecken, lasse ich los.

> Seit ein paar Jahren ist noch diese Unruhe dazugekommen.

> Diese Unruhe und alles, woran sie mich erinnert.

> Dieser Fernsehfilm, in dem zwei Kinder geprügelt wurden (das war vor 21 Jahren).

> Er hat in mir Herzrasen und Unruhe ausgelöst.

> Danach bin ich zum Kardiologen gegangen, der hat aber nichts gefunden.

> Mein Blutdruck ist dauernd zu hoch und schwankt zwischen 210 und 120.

> Dieses Schwanken und alles, was damit zu-
  sammenhängt.

Ich fragte ihn, was für ein Gefühl hinter dem
Schwindel stecken könnte.

> Angst.

> Schon mein Vater war ängstlich, und ich habe
  es von ihm übernommen.

> Mir wird dann heiß und kalt.

> Ich habe kalte Hände und Füße.

> Ich zittre und bin unruhig.

> Ich bekomme Durchfall.

> Manchmal überfällt es mich mitten am Tag
  und ich muss mich dann möglichst hinlegen.

> Im Kopf habe ich das Gefühl, als ob etwas
  blockiert ist.

> Ich bekomme keine Luft mehr, kann nicht
  durchatmen.

> Beim Treppensturz blieb mir auch für kurze
  Zeit die Luft weg.

Ich ließ ihn die Geschichte des Treppensturzes erzählen und nach jedem Satz sein WunderWort aussprechen.

> Ich gebe die Angst, die nicht meine eigene ist, an meinen Vater zurück und behalte nur die Verantwortung für mein Leben.

> Ich beginne zu erkennen, dass ich meinem Vater nichts abnehmen konnte und mir nur zusätzliches Leid aufgeladen habe.

> Jetzt ist der richtige Zeitpunkt, dieses unnötige Leid zu beenden, und ich verzeihe mir und meinem Vater, was wir dazu beigetragen haben.

> Ich erlaube mir, gesund und fröhlich durchs Leben zu gehen, auch wenn mein Vater so ängstlich war.

Der Schwindel war nun komplett weg. Zuerst konnte er es gar nicht glauben, denn er wusste ja schon gar nicht mehr, wie sich das anfühlt.

Ich sagte ihm, dass er weiter für alle möglichen Stressmomente sein WunderWort einsetzen solle, außerdem wenn sein Symbol vom Unbewussten auftaucht (er als 3-Jähriger mit rotem Ball, der für ihn mit Liebe und Spaß verbunden war).

Seitdem ist der Schwindel nicht mehr aufgetreten, auch sein Blutdruck ist gesunken und gleichmäßiger.

Migräne

Eine 42-jährige Personalleiterin kam wegen Migräne, die sie schon seit über 30 Jahren hatte, zu mir. Sie hatte schon viel ausprobiert (Homöopathie, Cranio-Sakraltherapie, Dornmethode, Gesprächstherapie), aber bei ihren Anfällen half nichts und ihre einzige Erleichterung waren Schmerztabletten.

Auch zwischen den akuten Migräneanfällen hatte sie meist ein flaues Gefühl im Kopf. Sie kam aus einer "Migränefamilie", d. h. ihre Mutter und ihre Brüder leiden ebenfalls darunter. Auch an diesem Tag hatte sie Kopfschmerzen.

Zuerst beschrieb sie mir die Symptome (alles wurde mit ihrem WunderWort behandelt):

> Dieser Druck am rechten Oberkopf, der dann nach unten und vorne zieht.

> Diese Übelkeit.

> Es fängt immer ein paar Tage vor meiner Regel an.

> Mein Selbstbewusstsein kippt um.

> Ich bin lichtempfindlich.

> Trotz Hungergefühl kann ich nur wenig essen.

> Ich fange an zu schwitzen.

> Es baut sich ein leichter Druck im Kopf auf, der zu einem Pochen wird.

> Ich kann nicht raus.

> Diese Enge.

> Ich stelle mich selbst infrage.

> Ich bin gefangen in meinem Körper.

> Alle Situationen, an die mich dieses Gefühl erinnert.

> Als ich zehn war, hat uns mein Vater verlassen.

> Ich musste ihm immer gehorchen.

> Ich muss für jeden die Gute sein.

> Ich muss perfekt sein.

> Ich habe es nicht geschafft, dass mein Vater bei uns geblieben ist.

> Als Familie muss man zusammenhalten.

> Ich musste die Verletzungen meiner Schwiegermutter über lange Jahre ertragen.

> Ich kann nicht mehr.

> Es ist besonders schlimm, wenn mich andere unter Druck setzen.

> Ich verziehe mich ins Schlafzimmer und ziehe mich raus.

> Ich bin für meine Familie nicht mehr zu sprechen.

> Sonst gönne ich mir keine Auszeit.

> Darf ich das überhaupt?

> Ich habe so eine Wut auf mich selbst.

> Diese Wut auf andere (Schwiegermutter, Mann, Kinder, Chef).

> Wenn ich mich über meinen Mann ärgere, ist es besonders schlimm.

Dann fragte ich sie nach Ausnahmen, wann es besser ist:

> Im Mai, als der Druck weg war.

> Im Büro war nicht so viel los.

> Ich habe mehr Sport getrieben (Joggen, Schwimmen).

> Ich hatte Zeit, mich auszuruhen.

> Schöne Zeit mit Michael (Bekannter) verbracht.

> Ich habe mehr geredet.

> Ich konnte Abstand schaffen.

> Ich hatte mehr Kraft.

> Ich hatte nicht so viel Angst vor den Erwartungen, die an mich gestellt wurden.

Wenn Sie eine Person oder ein Ereignis aus Ihrem Leben streichen könnten, welche wäre es?

> Mein Vater.

> Ich konnte seinen Ansprüchen nie gerecht werden.

> Ich fühle mich schuldig, dass er uns verlassen hat.

> Ich darf mich nicht entscheiden.

> Immer haben andere für mich entschieden, obwohl ich gefühlt habe, dass es falsch war.

> Nicht zu entscheiden ist auch eine Entscheidung.

> Das Stechen im Kopf ist ein Zeichen für meine Zweifel.

> Ich darf mir Zeit nehmen, um meine Entscheidungen verantwortungsvoll zu treffen.

> Ich glaube, ich bin irgendwie nicht in Ordnung.

> Wenn ich unverschämt bin, bin ich zu anstrengend für die anderen.

> Ich bin noch anstrengender für die anderen, wenn ich dauernd krank bin.

> Lieber kurz unverschämt als den ganzen Tag krank.

> Ich erkenne, dass andere viel anstrengender sind als ich (Mann, Schwiegermutter).

Woran erkennen Sie, dass die Migräne weg ist?

› Ich spüre Gelassenheit.

› Egal was ich mache, alles ist in Ordnung für mich.

› Leichtes Gefühl im Solarplexus.

› Freue mich, dass ich leistungsfähiger bin.

› Hätte mehr Freizeit.

› Ich sorge für mich selbst.

› Ich lasse mich nicht mehr so leicht verletzen und wehre mich.

› Wenn ich eine Situation nicht mehr mag, kann ich gehen.

› Ich kann ganz leicht Grenzen setzen und mich ausruhen.

› Ich kann Arbeiten verteilen, auch wenn es mir gut geht.

› Ich kann mich selbst vor Überlastung schützen und brauche nicht mehr die Migräne dazu.

Während der Behandlung wanderte ihr Kopfschmerz (sonst ging das nicht so schnell) und war am Ende ganz weg, was sonst auch nie der Fall war.

Als Signal vom Unbewussten, das ihr als Einsatzkommando für ihr WunderWort dienen soll, nahm sie ein Piepsen im linken Ohr wahr, das nicht unangenehm war und ihr seitdem anzeigt, dass sie für sich sorgen soll. Außerdem tauchte das Bild einer Quelle auf.

Trotzdem folgten in den Monaten danach noch weitere Migräneanfälle, die aber weniger heftig waren. Sie wusste selbst, dass sie noch nicht alle nötigen Veränderungen in ihrem Leben vorgenommen hatte, wollte sich dafür auch genug Zeit lassen und wusste, dass sie ihre Migräne noch "brauchte". Vier Monate später fasste sie den Entschluss, sich von ihrem Mann zu trennen, und ein halbes Jahr später hatte sie ihre eigene Wohnung in einem Nachbarort, so dass die Kinder nach wie vor beide Elternteile haben. Seitdem ist sie beschwerdefrei und fühlt sich wie ausgewechselt. Sie nutzt nach wie vor ihr Wunder-Wort für alle möglichen Situationen und achtet auch darauf, wenn das Piepsen im Ohr wiederkommt. Manchmal, wenn sie nicht darauf achtet und entsprechend reagiert, wird ihr leicht schwindlig, dann *muss sie fast innerlich schmunzeln und bedankt sich für den Hinweis von ihrem Körper und baut so schnell wie möglich eine Ruhepause ein.*

Klaustrophobie (Platzangst)

Ein 24-jähriger Werbefachmann kam zu mir wegen seiner Platzangst. Er hatte Panik bei Menschenansammlungen (auf Festen, in seinem Büro, wenn mehrere Menschen mit im Raum waren, enge Räume, Toiletten, im Fahrstuhl, ...). Schon die Anwesenheit in meinem Praxisraum war eine Herausforderung, die er aber meisterte, da er die Hoffnung hatte, dass dieser Besuch ihm weiterhelfen würde.

Ich erstellte mit ihm eine komplette Problem- und Zieldefinition mit Ökologie-Check, und dabei kristallisierten sich folgende Hauptaspekte heraus, die wir mit seinem WunderWort bearbeiteten:

› Fremdes Umfeld

› Enge

› Angst vor Kontrollverlust

> Ich kann nicht raus.

> Schwitzen, Luft bleibt weg, ich krieg nicht mehr viel mit, Gänsehaut

> Panik ist ein Ventil, durch das "alles" raus will

> Als Kind musste ich mich immer auf die Erwartungen der anderen einstellen und konnte es trotzdem nie richtigmachen.

> Erinnerung an Schützenfest (mit Filmtechnik bearbeitet)

> Bei Geburt war Nabelschnur um den Hals und er wäre fast erstickt – diese Szene existierte in seiner Vorstellung, wie sie ihm von seiner Mutter erzählt wurde (mit Filmtechnik bearbeitet).

> Die Angst schützt mich davor, wirklich eingesperrt zu werden.

> Die Angst schützt mich vor Kritik.

> Ich habe auch in engen Räumen und unter vielen Menschen Ruhe, Power und kann alles machen.

> Mein Bauch ist relaxt.

> Ich kann alles richtig genießen.

Dann fragte ich ihn, wie er sich fühlt, wenn er weiß, dass wir jetzt gleich den Erfolg testen und er in meine Toilette geht. Er sagte, er wäre noch etwas aufgeregt, aber nicht unangenehm – eher gespannt. Er konnte dann hineingehen, und ich habe die Tür von außen geschlossen. Es war für ihn in Ordnung. Zur Steigerung bin ich auch noch mit in den engen Raum hineingegangen, und auch jetzt empfand er die Situation als ungewöhnlich, aber es traten keine Angstsymptome auf. Überrascht und glücklich verließ er die Praxis, und nach drei Wochen erhielt ich folgende Rückmeldung:

"Mir geht es sehr gut, ich bin in London auf einem SEHR GUT BESUCHTEN Konzert gewesen (Simon&Garfunkel) – und zwar ohne Zustände zu bekommen. Und heute Morgen bin ich in Amsterdam mit einem absolut überfüllten Shuttle-Bus gefahren, in den mich noch vor drei Wochen keine zehn Pferde bekommen hätten. Da hätte wirklich keine Person mehr reingepasst. Ich war fleißig damit beschäftigt, mein WunderWort vor mich hinzudenken und bin gut am Flughafen angekommen. :-) Die Termine bei den Nervenärzten werde ich jedenfalls absagen, Tabletten brauche

ich jetzt keine mehr, ich bin sooooo froh, wirklich!

Ich bin Ihnen jedenfalls sehr dankbar, Sie haben
mir wirklich sehr geholfen und ich konnte in Schott-
land wunderbar mit den öffentlichen Verkehrsmit-
teln fahren. Das hat mir das Autofahren mit dem
Linksverkehr und den ganzen Kreisverkehren in die
'falsche Richtung' erspart."

Lebenskrise

Eine Ärztin rief mich kurz vor ihrem 40. Ge-
burtstag an. Sie hatte das Gefühl, ihr ganzes Leben
läge wie ein Trümmerhaufen vor ihr. Sie hatte gerade
eine bittere Enttäuschung in der Liebe hinter sich
und kam sich ausgenutzt und billig vor. Außerdem
hatte sie auch das Gefühl, dass sie sich beruflich
ständig nur abstrampeln musste und trotzdem fi-
nanziell nicht so erfolgreich war, wie sie sich das
wünschte.

Als WunderWort wählte sie "FÜLLE". Damit
behandelten wir folgende Sätze:

> Ich entscheide mich, mir selbst die Wärme und Liebe und den Schutz zu geben, den ich mir wünsche und den ich bisher nur anderen geschenkt habe.

> Diese tiefe Traurigkeit und Schwere im Solarplexus.

Dann wanderte das Körpergefühl ins Herz:

> Diese Beklemmung im Herzen.

> All die Gefühle, die in meinem Herzen gefangen sind.

> All die Erinnerungen, die in meinem Herzen gefangen sind.

> Die Angst, mich wieder zu öffnen und wieder verletzt zu werden.

Das Körpergefühl wanderte in den Hals:

> Dieser Kloß im Hals.

> Diese Angst, offen und ehrlich zu sagen, was ich denke und fühle.

> Aus Liebe manches nicht offen zu sagen.

> Ich beginne zu erkennen, dass die Basis für wahre Liebe nur Ehrlichkeit, Offenheit und Vertrauen sein kann.

Wahrheit zurückzuhalten, ist ein wenig wie Lüge und kann nicht die Basis einer dauerhaften Liebe sein.

Plötzlich kam ihr das Bild, dass sie sich schon immer wie Aschenputtel gefühlt hat, immer hart arbeiten musste und hoffte, dass irgendwann dafür die Belohnung kommt.

Ich glaube, ich muss 24 Stunden am Tag hart arbeiten, und warte immer noch auf die Belohnung.

Ich glaube, ich bin ein Opfer und warte auf den Prinzen, der mich auf sein Pferd holt.

Ich beginne zu erkennen, dass ich heutzutage auch als Frau aktiv mein Leben gestalten kann und mein Leben genießen darf, schon bevor ich meinen Traummann getroffen habe.

Ich öffne mich für Fülle in allen Lebensbereichen.

Alle Blockaden, die der Fülle in irgendwelchen Lebensbereichen im Weg stehen.

Ich packe alle Blockaden in einen Container, lasse ihn in Liebe los und er darf sich transformieren in Energie, die mir und anderen Menschen für Glück und Fülle zur Verfügung steht.

Dieses Telefoncoaching dauerte ca. eine Stunde. Sie fühlte sich dann wieder energiegeladen und zuversichtlich und war gespannt, was sich in der nächsten Zeit verändern würde.

Am nächsten Tag rief sie mich an und ihre Stimme war ganz verändert. Sie hörte sich viel ruhiger und selbstsicherer an, und sie hatte auch das Gefühl, dass sie den Tag ganz anders angegangen war. Eine berufliche Herausforderung hatte sie mit Bravour gelöst. Auch die Emotion dem Exfreund gegenüber war verändert, und das Gefühl des Verletztseins war weg. Sie erkannte, dass sie sich jetzt klarer strukturieren und auf eine Sache konzentrieren muss, und hatte das Gefühl, dass bei dem Setting des Vortages ein Riesenstein von ihr abgefallen war.

Ein paar Tage später nahm sie bei bestimmten Stressmomenten noch den Kloß im Solarplexus wahr, der aber nicht mehr schwarz (wie zu Beginn) war, sondern grau. (Für NLP-ler ist diese Veränderung der Submodalität ein deutlicher Hinweis darauf, dass bereits wichtige Aspekte gelöst wurden.) Sie hatte auch das Gefühl, dass sich schon ganz viel ver-ändert hatte, auch wenn sie es nicht konkret fassen konnte. Dieser graue Kloß wurde wieder mit dem WunderWort bearbeitet.

Ein halbes Jahr später meldete sie sich wieder und berichtete mir, dass sich ihr Leben sehr positiv verändert hatte: "Ich habe einen neuen Freund, der mich auf Händen trägt, die Praxis läuft viel rei-bungsloser und der Deckungsbeitrag ist deutlich gestiegen und auch der Umgang mit Marie (ihrer 3-jährigen Tochter) ist viel relaxter." Sie wendet nach wie vor ihr WunderWort immer wieder an.

Burn-out

Eine 50-jährige Gymnasiallehrerin war in ihrer gesamten Schuldienstzeit sehr tüchtig gewesen und immer für alle anderen da. Dann kippte sie beim Schulfest um. Erst wurde ein Herzinfarkt befürchtet, und sie hatte auch das Gefühl, sterben zu müssen, aber alle Untersuchungen, die dann durchgeführt wurden, bescheinigten ihr, dass sie organisch gesund war. Sie hatte aber keine Energie mehr, wurde von Angstattacken gequält und traute sich nicht einmal mehr aus dem Haus. Es wurde die Diagnose Burn-out gestellt. Wir arbeiteten nur telefonisch, da sie 400 km entfernt wohnte.

In den ersten beiden Sitzungen ging es erst einmal darum, dass sie sich erlaubte, auf ihre eigenen Bedürfnisse zu achten und nicht immer nur für andere da zu sein und gegen ihren Willen zu funktionieren.

Wir behandelten z. B. folgende Aspekte:

> Ich darf schwach/gebeugt sein.

> Dieser Panzer, den ich um mich aufgebaut habe.

> Ich darf NEIN sagen.

> Ich passe nicht hierher.

> Es darf mir gut gehen.

> Diese ganz große Erlaubnis.

> Die kleine Sonja in mir, die nach 45 Jahren aus dem Dornröschenschlaf wachgeküsst werden darf.

Sie spürte einen Stich in ihrem Herzen.

Diese Beklemmung und die Angst umzufallen.

Alles, woran mich dieses Stechen erinnert (einzelne Erinnerungen, u. a. eine Abtreibung, wurden mit der Filmtechnik behandelt).

Danach hatte sie das Gefühl, wie ausgewechselt zu sein, und hatte die Kraft, alles für ihre "Flucht in die psychosomatische Klinik" vorzubereiten. Nach dem 4-wöchigen Klinikaufenthalt arbeiteten wir weiter.

Zum Beispiel:

› Die Energie rutscht mir runter an die Füße und fließt einfach weg.

› Dieses Kopfeinziehen, Schultern nach vorne wie ein geprügelter Hund, diese Schutzhaltung.

› Alle (Kollegen, Familie, Ärzte) haben mich total überschätzt.

› Ich darf traurig und schwach sein.

› Ich spüre beide Sonjas (die starke und die schwache) in mir.

> Ich spüre Schmetterlinge im Herzen, sie wollen raus.

> Dieser Druck, dass ich wieder zurück in die Schule muss.

> Ich habe noch etwas Schreckliches in mir und fühle mich schuldig.

Immer wenn wir auf wichtige Erinnerungen stießen, wurden diese mit der Filmtechnik bearbeitet.

Bevor sie aus dem Haus ging, nutzte sie immer ihr WunderWort und wandte es selbst bei allen Situationen an, die ihr Angst machten (Autofahren, Einkaufen, allein sein). Sie lernte aber auch, auf die Signale ihres Körpers zu hören und sich zu erlauben, einfach nicht zu wollen.

Wir gingen jetzt Themen an wie z. B.

> Angst, nicht mehr geliebt zu werden, wenn es mir wieder gut geht.

> NEIN und BITTE sagen zu können.

> Kalte Füße, die am liebsten aus dem Fenster springen würden.

> Ich gehöre nicht dazu.

> Ich fühle mich hilflos.

> Alle wollen was von mir, und ich bin wütend, weil ich dann immer schwächer bin als vorher.

> Alles, was wie ein Damoklesschwert über mir schwebt.

> Die Verletzungen des inneren Kindes.

> Familienmotto: Nach außen keine Schwäche zeigen.

> Annehmen lernen.

Nach 20 Sitzungen in sieben Monaten kehrte sie in den Schuldienst zurück, und die Abstände der Settings wurden immer größer. Sie konnte sich immer besser selbst helfen und ist heute stolz, dass sie mit schwierigen Situationen jetzt selbstsicherer umgehen kann als vor ihrem Zusammenbruch. Meine Unterstützung braucht sie nur noch in Ausnahmefällen.

Depression

Eine 30-jährige Abteilungsleiterin kam zu mir wegen Depressionen, Konzentrationsschwierigkeiten und innerer Unruhe. Ihre Mutter hatte sich vor zwei Jahren umgebracht (sie litt auch unter Depressionen). Als die Frau vor einem Jahr arbeitslos wurde, traten die Depressionen zum ersten Mal in dieser Form auf, sie hatte aber schon immer einen Hang zur Schwermut.

Wir behandelten folgende Aussagen mit ihrem WunderWort:

› Diese Angst, dass ich auch so ende wie meine Mutter.

› Auch wenn ich das Erbgut meiner Mutter in mir trage, erkenne ich, dass ich ein komplett anderer Mensch bin und mein Leben selbst gestalten kann.

› Der Selbstmord meiner Mutter.

› Diese Schuldgefühle, dass ich ihr nicht besser helfen konnte.

> Ich beginne zu erkennen, dass ich, als ihre Tochter, ihr nicht die Verantwortung für ihr Leben abnehmen konnte.

> Diese Angst, die Depression nicht mehr loszuwerden.

> Diese Angst vor der Angst.

> Diese Konzentrationsschwierigkeiten.

> Diese Gedächtnislücken.

Körperlich spürte sie dies wie eine Metallplatte, die von oben auf ihren Kopf drückte, sie war dann nicht so offen nach außen.

Außerdem hatte sie ein Druckgefühl im Bauch und konnte sich nicht entspannen, was bei ihr schon ein Dauerzustand war.

Diese Metallplatte, die von oben auf meinen Kopf drückt.

> Ich bin nicht offen nach außen.

> Meine Gedanken schweifen ab, als ob ich eine Mischmaschine im Gehirn hätte.

> Dieser ständige Druck im Bauch.

> Ich kann mich nie richtig entspannen.

› Diese Angst, wieder in das schwarze Loch zu fallen.

› Diese Angst, dem Leben nicht gewachsen zu sein.

› Ich fühle mich überfordert.

› Diese Hoffnungslosigkeit.

Ausnahmen gab es, wenn sie sich für sich Zeit nahm, positive Literatur las und sich gezielt darauf konzentrierte, positiv zu denken und zu visualisieren.

Auch wenn ich wieder diese Angst spüre, wenn ich viel nachdenke, entscheide ich mich, mich gezielt auf Positives zu konzentrieren.

Auch wenn ich das Gefühl habe, mir wird alles zu viel, entscheide ich, mich so zuversichtlich zu fühlen wie damals, als ich dieses Buch las und voller Hoffnung war.

Auch wenn ich nicht auf die Aufmerksamkeit und Rücksicht verzichten will, die ich genieße, wenn es mir schlecht geht, öffne ich mich für ungeahnte Möglichkeiten, wie ich auch Zuwendung bekomme, wenn es mir gut geht.

> Ich freue mich wieder über viele Dinge.

> Ich lasse alles los, was mir wie ein Klotz am Bein hängt.

> Ich kann mich wieder leicht konzentrieren.

> Ich öffne mich für Motivation und Kreativität, die mich wieder durchströmen kann, wie damals im Ballettunterricht.

> Dieses innere Gefühl, normal und gesund zu sein, darf wieder wachsen.

> Ich darf wieder lernen, mich selbst zu spüren und mich wieder klarer wahrzunehmen.

> Mein Herz schlägt ruhig und ich bin voll Vertrauen.

Wir entwickelten ein konkretes Zielbild, was sie sich wünschte, wenn sie wieder frei von der Depression sein würde, und behandelten alle Widerstände mit dem WunderWort. Der Weg zu diesem Ziel wurde in kleine Teilschritte zerlegt und ein genauer Plan erarbeitet, wie genau sie dieses Ziel erreichen kann. Anschließend behandelten wir alles, was sie noch brauchte, um dieses Ziel erreichen zu können.

> Mut

> Selbstvertrauen

> Offen auf Menschen zugehen können

> Gewissheit, dass ich nicht wie meine Mutter ende

> Ich lasse diese wiederkehrenden Gedanken los.

> Mein Kopf ist wieder frei.

Dann fragte ich sie noch, was sie von der Depression hätte bzw. wovor diese sie schützen könnte.

Es muss erst wehtun, bevor ich wieder etwas tue.

Ich brauche das schlechte Gefühl als Antrieb, damit ich meine Ziele wieder angehe.

Sie dient mir als Zeichen, dass ich mir mehr Zeit für mich selbst nehmen soll.

Dann behandelten wir den Selbstmord und die Vorgeschichte davon mit der Filmtechnik, d. h. sie erzählte alles und nach jedem Satz wurde das WunderWort eingesetzt.

Danach waren die Metallplatte über dem Kopf und der Druck im Bauch weg, ebenso der Schwindel, der sich zwischendurch eingestellt hatte. Aus der Stimme, die sagte "du endest wie deine Mutter" wurde ein "du schaffst es!". Außerdem hatte sie das Gefühl, dass in ihrem Bauch ein kleines Ich gewachsen war, das ihr Selbstvertrauen symbolisierte.

Sie bearbeitete seitdem kontinuierlich alle auftretenden Schwierigkeiten, Gefühle und das Wachstum ihres Selbstvertrauens, kann jetzt ohne Angst von dem Selbstmord ihrer Mutter erzählen, hat schon einige ihrer Teilziele erreicht und ist zuversichtlich, dass sie "ihr Leben schafft", auch wenn es immer wieder Rückschläge und Enttäuschungen gibt (in diesen Situationen hat ihr das WunderWort geholfen, nicht wieder in die Depression zu verfallen).

Talente nutzen

WWT wird im Businessbereich (Spitzenleistungen, Stressmanagement, Konfliktbewältigung, Work-

Life-Balance) eingesetzt, aber auch Künstler, Tänzer und Musiker können von WWT profitieren.

Kunst zu kreieren, ist mit Risiko verbunden. Künstler müssen wissen, wie sie bis an Grenzen gehen, loslassen und es zulassen, dass die Kunst "passiert". David Bayles und Ted Orland schreiben in ihrem Buch "Art and Fear", dass die Ängste von Künstlern sich in zwei Kategorien einteilen lassen:

Ängste, die sie selbst betreffen, und Ängste, wie andere sie wahrnehmen und beurteilen.

Allgemein kann man sagen, dass Selbstzweifel sie davon abhalten, ihre optimale Leistung zu bringen, während die Angst vor der Bewertung sie davon abhält, wirklich sie selbst zu sein und ihr Innerstes in ihre Kunst einfließen zu lassen.

Natürlich sind das die gleichen Ängste, die uns alle in unseren Bemühungen blockieren, wirklich wir selbst zu sein und unsere Talente und Fähigkeiten umzusetzen. Mit WWT können wir die Ängste in beiden Bereichen überwinden.

Ein 52-jähriger Kardiologe kam zu mir, weil er nicht genug Struktur in seinem Leben hatte und einen Riesenberg unerledigter Dinge vor sich sah, von dem er nicht wusste, wie er ihn je abarbeiten sollte.

Es stellte sich heraus, dass die unerledigten Dinge meist unangenehm waren (Praxisorganisation, Hausreparaturen), aber wenn er sich den Dingen zuwandte, für die sein Herz schlug - vor allem Ölmalerei -, hatte er sehr wohl Struktur und konnte leicht beginnen und dranbleiben, was ihm sonst nicht gelang. Er erkannte, dass er sich seine eigentlichen Wünsche nicht zugestand - und wenn, dann nur mit schlechtem Gewissen. Bei dem Gedanken, die Ölmalerei in sein Leben zu integrieren und die Bilder auch öffentlich auszustellen und zu verkaufen, hatte er ein Gefühl, als ob ihn zwölf Pferde daran hindern würden. Wir behandelten folgende Aspekte mit seinem WunderWort:

› Diese zwölf Pferde, die mich zurückhalten.

› Ich habe Angst, dass ich nicht gut genug bin.

Verschiedene Situationen, an die ihn diese Angst erinnerte.

› Ich bin doch nur Hobbymaler und habe nicht genug Talent.

› Ich müsste viel mehr üben.

› Ich habe das Malen nie richtig gelernt.

› Wenn ich nur aus Spaß male, kann ich doch nichts dafür verlangen.

› Die Angst, dass andere hinter meinem Rücken über mich herziehen.

› Ich erlaube mir nicht, mehr Zeit für das zu verwenden, was ich wirklich liebe.

› Ich glaube, ich muss erst alles andere erledigt haben, bevor ich malen darf.

› Ich erkenne, dass ich viel Kraft und Lebensfreude aus dem Malen schöpfe, die dann auch anderen Aufgaben zugutekommt.

› Ich werde immer von anderen bewertet, egal ob ich meine Bilder ausstelle oder nicht.

› Es gibt keinen Künstler, der den Geschmack **aller** Menschen trifft.

› Wenn Picasso nicht trotz Anfeindungen weitergemalt hätte, würde ihn heute niemand kennen.

> Ich erlaube mir, mein Innerstes in meine Bilder fließen zu lassen, egal was andere darüber denken.

Acht Monate später hatte er seine erste Ausstellung in der örtlichen Bücherei, und einige Leute bestellten daraufhin sogar spezielle Motive bei ihm. "Nebenbei" haben sich seine Schlafstörungen aufgelöst und auch bei den unangenehmen Aufgaben fällt ihm das Anfangen und Dranbleiben viel leichter.

19.
Ihre persönliche
Entwicklung mit WWT

Wenn wir unsere Bewusstheit durch WWT erweitern, werden wir immer wieder merken, dass da noch Erinnerungen sind, an die wir nicht ohne Tränen oder Ärger denken können und die uns am Erreichen unserer Ziele hindern.

Wir müssen uns die Gedanken-, Gefühls- und Verhaltensmuster anschauen, die immer wieder angesprochen werden, wenn wir einem bestimmten Reiz ausgesetzt sind, z. B. sich wiederholende Umstände. Mit WWT können wir diese Automatismen unterbrechen, so dass der Reiz keine destruktive Wirkung mehr auf uns hat.

Das Bewusstsein, dass es solche wiederkehrenden Reiz-Reaktions-Muster gibt, ist ein wichtiger Schritt zur Lösung des Themas. Ein weiterer Schritt besteht darin, die damit verbundene Emotion wahrzunehmen, zu akzeptieren und mit WWT zu neutralisieren.

Dabei können Sie erkennen, dass das schmerzhafte Gefühl nur eine Energie ist, die Sie selbst erschaffen. Wenn Sie sich nicht dagegen sträuben, sondern sie mutig in sich einströmen lassen, stellen Sie fest, dass es gar nicht so dramatisch ist, wie Sie befürchtet haben, und dass oft die Angst vor diesem Gefühl schlimmer ist als das Gefühl selbst.

Durch die genaue Betrachtung wird Ihnen klar, dass Sie Ihre Meinung jederzeit ändern und die Umstände anders bewerten können, so müssen Sie sich unter ähnlichen Bedingungen nicht länger schlecht fühlen und gewinnen die neue Freiheit, sich in einer Art zu verhalten, die mehr im Einklang mit Ihren Lebenszielen steht.

Je mehr Sie die alten Traumen und negativen Emotionen loslassen und verzeihen können, umso mehr wird sich das Gefühl der Dankbarkeit einstellen – und dieses Gefühl ist sehr heilsam.

Wenn wir voller Dankbarkeit sind, strahlen wir eine besondere Energie aus, die auch von unserer Umwelt wahrgenommen wird. Dankbare Menschen hat jeder gerne um sich, denn Dankbarkeit ist mehr als eine positive Lebenseinstellung. Sie erfüllt das ganze Leben, und Negativität hat keine Chance mehr.

Probieren Sie es aus: Können Sie, wenn Sie voller Dankbarkeit sind, gleichzeitig Kummer oder Trauer empfinden? Wir erfahren entweder das eine oder das andere, aber nicht beides zugleich. Das eine bringt uns Glück – das andere Traurigkeit. Interessanterweise haben wir selbst die Wahl – wir entscheiden, ob wir dankbar oder frustriert sein wollen.

20.
Wie Sie die Wirkung von WWT unterstützen können

WWT kann zwar alleine angewandt werden, um viele psychologische und körperliche Probleme zu bearbeiten, aber da wir eine Einheit aus Körper, Geist und Seele sind, ist es immer wichtig, auch alle drei Komponenten optimal zu versorgen.

Dazu gehört
> gesunde Ernährung (der tollste Sportwagen kann nicht die volle Leistung bringen, wenn man statt Super Sonnenblumenöl tankt),

> ausreichend Bewegung an der frischen Luft,

> Entspannung,

> Gedankenhygiene,

> lebenslanges Lernen,

> erfüllte zwischenmenschliche Kontakte,

› Spaß an der Arbeit und

› viel Freude und Lachen.

Zusammen mit WWT werden Ihnen diese Glücksfaktoren helfen, Ihr volles Potenzial zu entfalten. Deshalb sollten Sie dafür sorgen, dass Sie alle Punkte so oft wie möglich in Ihren Alltag einbauen. Tun Sie das mit Spaß und nutzen Sie alles, was Ihnen zur Verfügung steht.

WWT kann auch mit allen möglichen anderen Techniken kombiniert werden. Lassen Sie Ihrer Kreativität freien Lauf und experimentieren Sie!

Wenden Sie WWT jeden Tag für sich an. Trainieren Sie sich darin, immer leichter wahrzunehmen, wenn behandlungswürdige Situationen auftreten, und erkennen Sie diese als Chance, sich noch mehr von einschränkenden Hindernissen der Vergangenheit zu befreien.

Denken Sie nur an zwei Punkte:

› Behandeln Sie alles!

› Behandeln Sie gewissenhaft!

WWT ist ein wunderbares Werkzeug für Ihre persönliche Entwicklung. Es wird zwar nicht alle Probleme für Sie lösen, denn es verändert nicht direkt Ihre Umwelt, aber hilft Ihnen, Ihre eigene Reaktion auf diese Umwelteinflüsse und Erlebnisse Ihren Wünschen entsprechend zu verändern. WWT hilft Ihnen, Verhaltensweisen, Fähigkeiten und Überzeugungen zu entwickeln, durch die Sie sich immer häufiger in einem Zustand der Stabilität, der Freude und des Friedens befinden. Sie werden viele Möglichkeiten erkennen, wie Sie Ihr Leben immer weiter verbessern können, indem Sie sich von kulturellen Prägungen und eingefahrenen Vorstellungen (bewussten oder unbewussten), die Sie sich selbst erschaffen haben, befreien. Dadurch verlassen Sie die Opferrolle und gestalten Ihr Leben selbst so, wie es Ihnen gefällt.

WWT-Seminare

Nach der Lektüre dieses Buches können Sie sofort mit der Anwendung loslegen, doch ich weiß, dass es für viele Menschen wichtig ist, eine praktische Anleitung zu bekommen und live zu erleben, wie die Anwendung funktioniert und was sie bewirkt. Die eigenen und fremden Erfahrungen bei Seminaren motivieren, weiter an dieser wunderbaren Methode dranzubleiben, auch wenn sich manches nicht so schnell verändert, wie Sie sich das wünschen würden. Außerdem lernen Sie hier Menschen kennen, mit denen Sie sich austauschen, gegenseitig behandeln oder Übungsgruppen bilden können.

Da ich bei Gary Craig die sehr freie Art der Verbreitung seiner EFT-Methode geschätzt habe und die Menschen in unserer Zeit dringend Selbsthilfemethoden brauchen, die sie eigenverantwortlich, unabhängig und einfach anwenden können, möchte ich auch keine unnötigen Hindernisse bei der Weitergabe von WWT aufbauen.

Andererseits liegt es mir natürlich am Herzen, dass WWT zum höchsten Wohle aller Anwender und mit hoher Qualität weitergegeben wird. Deshalb biete ich Zertifizierungskurse für WWT-Trainer an, damit ich diesen noch mehr Hintergrundinformationen und Sicherheit in der Anwendung und Präsentation von WWT vermitteln kann, was für mich eine absolute Voraussetzung für einen WWT-Kursleiter ist.

Diese Zertifizierung ist keine zwingende Voraussetzung, um WWT-Kurse anbieten zu können, kann aber eine wertvolle Hilfestellung für Seminarteilnehmer sein, um einen verantwortungsbewussten WWT-Trainer zu finden. Letztendlich sollte aber jeder, der auf der Suche nach einem passenden WWT-Kurs ist, sich die jeweiligen Anbieter gut anschauen, Erfahrungen von früheren Kursteilnehmern einholen und letztendlich seine Intuition entscheiden lassen.

WWT-MP3

Weil es für viele Leser angenehmer ist, die Anleitung für das Unbewusste vorgelesen zu bekommen, können Sie sich hier den Text, gesprochen von Ramona B. Wagner, kostenfrei downloaden: **www.silberschur.de/wwtmp3**

An den Stellen, an denen das Wunderwort eingesetzt werden soll, ist eine kurze Pause, in der Sie gedanklich Ihr eigenes Wunderwort einsetzen.

Sie können die Augen offen oder geschlossen halten, so wie es Ihnen am liebsten ist.

Machen Sie es sich bequem und entspannen Sie sich und lassen Sie einfach Ihr Unbewusstes alles Nötige tun.

Literaturverzeichnis

Bayles, David; Orland, Ted Art & Fear: Observations on the Perils (and Rewards) of Artmaking, Image Continuum Press, 2001, ISBN: 0961454733

Hartmann, Silvia: EmoTrance, VAK Verlags GmbH, 2003, ISBN: 978-3-935767-34-7

Nims, Larry Phillip, Ph. D.; Sotkin, Joan: Be Set Free Fast! A Revolutionary New Way to Eliminate Your Discomforts, Sotkin Enterprises, Inc., Santa Fe, New Mexico, 2003, ISBN: 0-9741719-1-3

Schwartz, Gary E. R.; Russek, Linda G. S.: The Living Energy Universe, Hampton Roads Publishing Company, 1999, ISBN: 1571741704

Tiller, William A.; Dibble, Walter; Kohane, Michael: Conscious Acts of Creation, Pavior Publishing, 2001, ISBN: 1929331053

Wagner, Ramona B.: EFT – Emotionale Freiheit, Eine einfache Selbstheilungstechnik, Omega-Verlag, 2010, ISBN: 978-3-930243-56-3

Audiovisuelle Medien

Craig, Gary: The EFT Course [DVD]

Steps toward Becoming The Ultimate Therapist [DVD]

From EFT to the Palace of Possibilities [DVD]

EFT Specialty Series 1 [DVD]

EFT Specialty Series 2 [DVD]

Borrowing Benefits [DVD]

Using EFT for Serious Diseases 1 [DVD]

Using EFT for Serious Diseases 2 [DVD]

Mastering EFT [DVD]

E-Books

Carrington, Patricia, PhD.: Choices, How To Create In Energy Psychology A New Approach To EFT And Related Methods, Published by Pace Educational Systems Inc

Nims, Larry Phillip, Ph. D.: Be Set Free Fast – The Manual, Eigenverlag, 2000, Erhältlich über: www.besetfreefast.com

Nims, Larry Phillip, Ph. D.: A Treatise on Be Set Free Fast, kann kostenfrei über www.besetfreefast.com unter "Artikel" heruntergeladen werden

Nims, Larry Phillip, Ph. D.: The Terrible Cost of Unforgiveness, kann kostenfrei über www.besetfreefast.com unter "Artikel" heruntergeladen werden

Nims, Larry Phillip, Ph. D.: Sotkin, Joan: Be Set Free Fast! A Revolutionary New Way to Eliminate Your Discomforts, Sotkin Enterprises, Inc., Santa Fe, New Mexico, 2003, Erhältlich über: www.besetfreefast.com oder www.ProsperityPlace.com

Wagner, Ramona B.,: Die EFT-Schatzkiste, 2010

Die Autorin

Ramona B. Wagner bietet ganz-
heitliches Coaching an, das alle Le-
bensbereiche (Beruf/Finanzen, Gesundheit, Partnerschaft/Familie und
persönliche Entwicklung) und alle
Ebenen (materielle, emotionale, mentale, energetische und spirituelle)
einschließt.

Die Settings können telefonisch, vor Ort oder als
Fernbehandlung stattfinden.

Eine kostenlose MP3-Datei mit der Anleitung für
das Unbewusste finden Sie auf:

www.silberschnur.de/wwtmp3.

Mehr dazu auf S. 150.

Sie können bei der Autorin außerdem folgende EFT-Produkte bestellen:

CDs:

Erfolgreich abnehmen durch Klopf-Akupressur

Mit Hilfe dieser CD bearbeiten Sie Themen, die häufig Ursache von Gewichtsproblemen sind.

Zum Nichtraucher durch Klopf-Akupressur

Mit dieser CD bearbeiten Sie mit Hilfe von Emotional Freedom Techniques (EFT) Themen, die häufig Ursache des Verlangens nach Zigaretten sind.

E-Book:

Die EFT-Schatzkiste

Hier finden EFT-Anwender das gesammelte Wissen von Gary Craigs Website und aus seinen Lern-DVDs (die es beide ja leider nicht mehr gibt) auf Deutsch übersetzt und übersichtlich aufbereitet.

Kontaktadresse:

E-Mail: info@eft-personalcoaching.de
Web: www.eft-personalcoaching.de

256 Seiten, broschiert
ISBN 978-3-89845-232-8
€ [D] 12,90

Franziska Krattinger

Machtworte
Was Worte machen können

Dass sich mit dem richtigen Wort zur rechten Zeit jede Situation verändern lässt, je nachdem, welche Energie mit diesem Wort in die entsprechende Situation strömt, haben schon viele Menschen selbst erfahren. Schaltworte, Kraftworte – die Autorin stellt in diesem Buch 72 solcher Worte mit magischer Wirkung vor und führt uns gleichzeitig eindrucksvoll die Macht des Wortes vor ... Denn eines dieser magischen Worte genügt schon, um einen unterbrochenen energetischen Fluss wieder zum Fließen zu bringen – und so alles wieder in die richtige Bahn zu lenken!

144 Karten mit Kurzanleitung,
inkl. Miniposter, in Box
EAN 4260075280-28-8
€ [D] 19,95

Franziska Krattinger

Die Kraft der 144 Schalt- und Machtworte

Es ist schwer, eingefahrene Wege zu verlassen und wirklich etwas in seinem Leben zu verändern. Die 144 wirkungsvollen Karten mit Schalt- und Machtworten helfen dabei, denn sie erwecken die uns innewohnende positive Macht zur selbstbestimmten Veränderung von Situationen und Vorhaben. Eines dieser Worte genügt bereits, um einen unterbrochenen energetischen Fluss wieder zum Laufen zu bringen und so alles zum Besten zu lenken! Schalten auch Sie einfach um – und beobachten Sie die positiven Veränderungen in Ihrem täglichen Leben. Sie haben WIRKLICH die Macht dazu!

160 Seiten, gebunden
ISBN 978-3-89845-516-9
€ [D] 12,95

Bärbel Mohr

Bestellungen beim Universum

Ein Handbuch zur Wunscherfüllung

Bärbel Mohr zeigt dir, wie du dir den Traum-
partner, den Traumjob oder die Traumwoh-
nung u.v.m. beim Universum »bestellen«
kannst. Sie beweist, dass du wirklich alles
bekommen kannst, was du dir wünschst! Ihre
Rezepte zur Erfüllung deiner Wünsche helfen
dir, dein Leben viel positiver zu gestalten,
damit du die Wunschbestellung erfolgreich
abschicken kannst und die georderte Liefe-
rung auch in vollem Umfang erhältst.

176 Seiten, broschiert
ISBN 978-3-89845-412-4
€ [D] 12,95

Kurt Tepperwein

Nichts geschieht umsonst

Die Sprache des Lebens verstehen

Alles, was uns begegnet, und alles, was uns
widerfährt, sind Botschaften des Lebens, die
uns etwas Wichtiges mitzuteilen haben.
Wenn Sie diese Botschaften verstehen, können Sie diese optimal für sich nutzen, um
ein erfolgreiches, erfülltes und gesundes Leben zu führen.
Beginnen Sie daher jetzt mit dem Sprachkurs
»Deutsch-Leben/Leben-Deutsch«, um den Botschaften des Lebens endlich auf den Grund
gehen zu können ...

192 Seiten, broschiert
ISBN 978-3-89845-393-6
€ [D] 14,95

Gabriele~Saskia Drungowski

Das Beste für dich
Der Weg vom Unbewussten zum Bewussten

In Ihren innersten Räumen erfahren Sie Erstaunliches über sich selbst und Ihre Beziehungen. Sie lernen dort, sich selbst wahrhaft zu erkennen und zu verstehen, dass Sie verantwortlich für Ihr Leben sind.
Die praktischen Anleitungen, Übungen und Meditationen in diesem Buch unterstützen Sie zu begreifen, wer Sie eigentlich sind. Mit diesem Verständnis können Sie nicht nur Ihr eigenes Leben in die Hand nehmen, sondern auch die Welt verändern.

Weiterführende Informationen zu
Büchern, Autoren und den Aktivitäten
des Silberschnur Verlages erhalten Sie unter:
www.silberschnur.de

Natürlich können Sie uns auch gerne den
Antwort-Coupon aus dem beiliegenden
Lesezeichenflyer zusenden.

Ihr Interesse wird belohnt!